日本人になりたいヨーロッパ人
ヨーロッパ27カ国から見た日本人

片野 優　須貝典子

宝島社

日本人になりたいヨーロッパ人　ヨーロッパ27カ国から見た日本人　目次

ヨーロッパ・ウエスト

ヨーロッパ・サウス

ヨーロッパ・ノース

はじめに

「日本人の風采と儀容にたいへん感服した。喜望峰（きぼうほう）より東の国の中で、日本人は最も優秀な国民であることを信じて疑わない」。

　こんな風に日本人を礼賛したのは、江戸時代末期に日米修好通商条約を締結した初代駐日総領事タウンゼント・ハリスだ（『ハリス日本滞在記／岩波文庫』）。

　マルコ・ポーロが〝黄金の国〟と憧れた日本へ、黒船来航後はオランダ人以外のヨーロッパ人も続々と訪れるようになった。トロイの遺跡を発掘したシュリーマン、オーストリア皇位継承者フェルディナント大公もその中のひとりで、驚きと称賛の言葉を残している。

　明治維新以降、「欧米に追いつけ」をスローガンに掲げて頑張ってきた日本は、伝統を重んじるヨーロッパよりも、今でははるかに近代的でアメリカナイズされたコンビニエンスな国になってしまった観がある。

　ところでヨーロッパを東西に隔てていた〝分断の象徴〟ベルリンの壁に風穴があいたとき、私たちはベルリンからプラハ（当時チェコスロバキア）～ウィーン（オーストリア）～ブダペスト（ハンガリー）～ベオグラード（旧ユーゴスラビア）を二等列車で旅した。

そのとき、ヨーロッパの古い街並みに魅了され、革命の息吹や新時代の到来に心が躍り、翌年、東西の交差点だったウィーンに移り住んだ。その後、ハンガリー、旧ユーゴスラビアへと引っ越して、ヨーロッパ暮らしは早二〇年以上になる。この間、旅行や環境雑誌の取材などでヨーロッパ中を駆けめぐり、たくさんの国の人々に出会う機会にも恵まれた。

ヨーロッパは古いしきたりを守り郷土愛の強い土地柄から、確かに〝外国人〟やアジア人を敬遠する人も少なくない。日本がどこにあるか知らない人もまま見かける。でも逆に、日本に憧れを抱き、あまりに日本文化がしっくりくるので「前世は日本人だったに違いない」とひとり思いこんでいる人や、「日本人になりたい」と願う御仁ともたくさん語りあってきた。

昨今、ヨーロッパでは「クールジャパン（カッコイイ日本）」と叫ばれて久しく、一九世紀にフランスの芸術家のモネやマネが日本の伝統文化に影響を受けた〝ジャポニスム〟以来の新たな日本ブームが巻き起こり、すでに定着しつつある。

「うちの子は『NARUTO（ナルト）』にはまってて、毎日アニメばっかり観て困るよ」

そんな風にボヤくのはフランスの友人だ。でも、そういう本人も愛読書は手塚治虫の『火の鳥』で、最近全巻揃（そろ）えたと得意気だ。

『ドラゴンボール』『遊戯王』『機動戦士Zガンダム』などは、ヨーロッパでも絶大な人気を誇るアニメで、登場人物に扮するコスプレ大会も盛んだ。小説ではノーベル文学賞受賞者の川端康成、三島由紀夫や村上春樹。映画では黒澤明、宮崎駿、北野武の作品は根強い人気がある。食では、全欧制覇した「ＳＵＳＨＩ」を「ＲＡＭＥＮ」が追いかけている。

そうしたヨーロッパの日本熱とは裏腹に、現代の日本人は高度成長期の頃に育んだ希望や誇りや自信といったものがバブル景気の崩壊とともに、小さくしぼんでしまったように見えるのは気のせいだろうか。

それを裏づけるこんな調査がある。ＢＢＣワールドサービス主催の「世界にポジティブな影響を与える国（二〇〇九年）」では、二一カ国・地域中、日本は五八パーセントを獲得してナンバーワンに輝いた。ところが、当の日本人は「自国への信頼と誇り調査（英紙『エコノミスト』／二〇〇九年発表）」で、三三カ国中最下位だった。つまり、日本人は世界各国から素晴らしい国だと評価されているのに、極端に自己を過小評価してしまう傾向がある。

終わりに、本書は読みやすいように便宜上ヨーロッパを東西南北の四つの地域に分け、各々の国と日本の歴史的かかわりや、人物往来、どんなところにヨーロッパ人は感嘆し魅せられたのか、具体的なエピソードも掘り起こしてみた。そんな中には日本への片思いを募らせる意外な国々があり、ぜひその熱い思いを汲んで交流に役立ててほしいとも思う。

ヨーロッパ人が憧れる日本や日本人の素晴らしさとはいったいなにか、ホッとひと息つきながらお愉(たの)しみいただければ幸甚(こうじん)だ。また、日本人がもっている美徳を再発見することで、明日はちょっと背筋を伸ばして胸を張り、心軽やかにお出かけいただければと願う。

二〇一四年　初秋

片野　優

須貝典子

各章扉に記した面積、人口のデータはＣＩＡ「The World Factbook」（ウェブ／二〇一六年七月）を引用しました。順位は、右記のサイト内における、二六七の国と地域を対象としたランキングを引用しました。主な言語は、『データブック・オブ・ザ・ワールド　２０１６年版　世界各国要覧と最新統計』（二宮書店）を参考にいたしました。世界遺産は、「公益社団法人日本ユネスコ協会連盟」（ウェブ／二〇一六年七月）を参考にし、最も古く認定されたものと最新のものをメインに掲載しています。

心から「日本人になりたい」と願い、
“桜の国” を愛する欧州一の親日国

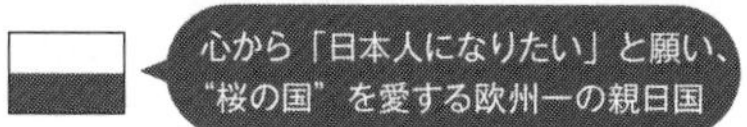

ポーランド

戦争や独立問題など、ロシアに痛い目に遭ってきたポーランド。
好奇心旺盛なポーランド人はもともと日本文化に興味をもっていたが、
日露戦争での日本の勝利は、親日に拍車をかけた。
また20世紀初頭、ロシア革命中に
シベリアに流された子どもを、日本が受け入れた。
その時のポーランド人の感謝の念は色あせることはなく、
阪神・淡路大震災のときには、日本の子どもを招待したのだ。

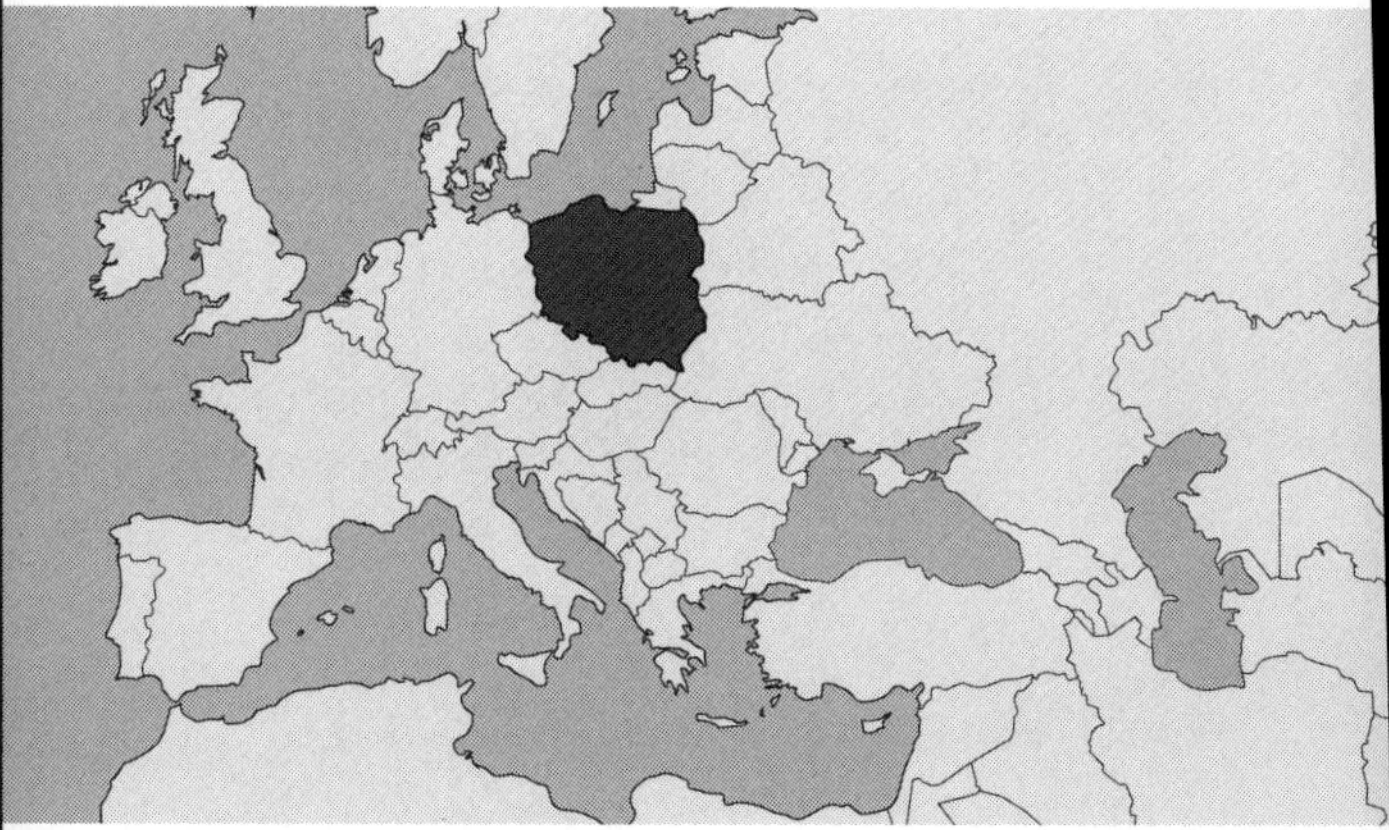

- ▶ 正式名称　ポーランド共和国〈Republic of Poland〉
- ▶ 首　　都　ワルシャワ
- ▶ 人口［順位］　約 3856,2 万人［35 位］
- ▶ 面積［順位］　312,685km²［70 位］
- ▶ 通　　貨　ズロチ
- ▶ 主な言語　ポーランド語
- ▶ 世界遺産　クラクフ歴史地区、アウシュビッツ・ビルナケウ強制絶滅収容所、ポーランドとウクライナのカルパチア地方の木造教会群　など

日本人になりたい

ヨーロッパ一の親日国ポーランド。いやポーランドは世界一の親日国かもしれない。なにしろ地理的に日本とは遠く離れていても、心の距離は「ロシアをはさんだ隣国」であり、「日いずる国」「桜の咲く国」と憧れ、「来世は日本人に生まれたい」「日本人になりたい」と願うポーランド人は結構な数にのぼる。

ポーランド人が『古事記』や『源氏物語』から三島由紀夫や村上春樹の小説、『ポケモン』や『遊戯王』、お見合い、過労死、オレオレ詐欺に至るまで、日本に並々ならぬ好奇心を抱いているのに対し、日本人はほとんどポーランドには無関心。せいぜい地動説を唱えたコペルニクス、音楽家のショパン、ポロニウムとラジウムを発見したキュリー夫人、〝空飛ぶ法王〟ヨハネ・パウロ二世の名前を知っている程度だが、実のところこれらの偉人がポーランド人であることを知っているかどうかは疑わしい。ポーランド人のそんないじらしい日本人への片思いを知るにつれ、熱烈なラブコールに応えたいという気持ちにもなってくる。

さて、近年ヨーロッパでは健康に良いとの理由で、またダイエット食としても日本食がブームだ。ポーランドにも日本人のプロの料理人が包丁を握る本格派の日本レストランが数軒あるほか、最近ではポーランド人が経営する寿司バーが一〇〇軒以上もできている。

だが、親日国最右翼のポーランド人のすごいところは、〝食〟に限らず、日本の文化や教育に力を注いでいることだ。まずポーランド国内には、柔道・空手・剣道・合気道・居合連盟のほか相撲協会まである。これに将棋・囲碁・麻雀連盟があるというからかなりのものだ。今日の日本文化は、一九世紀末から二〇世紀初頭にかけて西欧から流入したものだが、隣国ロシアに痛い目にあってきたポーランドも、やはり日露戦争での日本の勝利が日本ブームに拍車をかけた。

しかも、この国の日本語の教育レベルは非常に高い。早くも一九一九年に首都ワルシャワ大学で日本語講座が開かれたあと、第二次大戦後に日本語学科が設けられた。現在、ヤギェウォ大学（クラクフ市）、アダム・ミツキェビッチ大学（ポズナン市）、コペルニクス大学（トルン市）の四つの国立大学と四つの私立大学に日本語学科があるほか、五つの高校、日本文化センター、語学学校、市民講座など約六〇の機関で四〇〇〇人ほどのポーランド人が日本語学習に意欲を燃やしている。

とはいえ、日本語学科を卒業しても就職に有利なわけではないが、二〇〇六年のワルシャワ大学の日本語学科の倍率は、国内最高の三〇・二五倍を記録。この事実ひとつとっても、尋常でない日本人気がうかがい知れる。日本語学科の学生は授業以外に毎日五、六時間も勉強に費やし、二～三年で約二〇〇〇の常用漢字を習得するほか、日本史、日本文学、俳句、和歌、歌舞伎、仏教なども学ぶ。しかもワルシャワ大学には本格的な茶室『懐庵』があり、裏千家の講師を招いた茶道の授業が行われているというから、ひょっとすると最近の日本の大学生以上に漢字が書け、古来の日本文化に精通しているかもしれない。

では、ポーランド人が日本に興味をもつようになった原因は何かというと、日本のアニメや漫画が一役買っている。ポーランドでは七〇~八〇年代に第一次日本アニメブームが巻き起こったが、このときは『アルプスの少女ハイジ』『みつばちマーヤの冒険』『樫の木モック』『楽しいムーミン一家』『科学忍者隊ガッチャマン』など昔懐かしい優良アニメが放送された。

その後、九〇年代の第二次日本アニメブームでは、『ドラゴンボール』『美少女戦士セーラームーン』『ポケモン』が大ヒット。また、宮崎駿監督の『となりのトトロ』『紅の豚』もテレビ放映されたのち、『もののけ姫』以降劇場公開されている。ちなみに二〇〇二年の日本アニメの放送時間は五一五時間だったというから、今のポーランドの若い世代は日本アニメを観て育ったことになる。

ところで二〇〇二年五月一九日、東京・千駄ヶ谷で将棋の第二期「リコー杯女流王座戦」の一次予選が行われた。ここにはポーランドから二〇歳の大学生カロリーナ・ステチェンスカさんも海外招待選手として参加。アマチュア四段のカロリーナさんは、大方の予想を覆して高群佐知子女流三段（四一歳）を破り、公式戦で女流プロを破った最初の外国人女性となった。

この時点ではカロリーナさんの将棋のキャリアはわずか四年。将棋をはじめたきっかけは、ポーランド語に翻訳された日本の漫画『NARUTO（ナルト）』に出てくる登場人物が、将棋をやって先生に勝つシーンを読んで興味をもったという。それからというもの、学校から帰ると英語を使って楽しめるインターネット将棋対戦サイト（81Dojo）で、毎日、最低二局将棋をさして腕を磨いた。モンゴル人力士が横綱に昇進したように、将棋の世界でもやがてポーランド人がタイトルを獲得する日が来るかもしれない。

大の親日派のワイダ監督とワレサ大統領

二〇一四年四月、東京・岩波ホールで『ワレサ　連帯の男』が封切られた。監督は、大の日本通で知られるアンジェイ・ワイダ氏だ。この作品はポーランド北部のグダニスクにある旧レーニン造船所で電気工として働くワレサ氏が、独立自主管理労組「連帯」の議長として社会変革に立ち上がり、やがて体制転換後に初代大統領に就任するという物語だ。造船所を舞台にするこのシリーズでは、『大理石の男』『鉄の男』（第三四回カンヌ国際映画祭でパルム・ドール賞受賞）に次ぐ三作目となる。

当初、食品の値上がりに反対することからはじまった「連帯」の運動は、やがてポーランドの旧勢力を終焉に追い込んだだけでなく、旧東欧で共産主義政権がドミノ式に崩壊する先陣を切った。その功績が認められて、ワレサ氏は大統領に就任する七年前の一九八三年にノーベル平和賞を授与された。

これに先立って来日したワレサ氏は、「ポーランドを第二の日本にしよう。我々は第二の日本になりたい。普通の日本の市民が体験している明るさ、自由、豊かな暮らし、そういうものがポーランドにほしい」とスピーチ。大統領自らが、ポーランドは日本のような国になりたいと宣言したのだった。

その後、大統領職を退いたワレサ氏は再び造船所の労働者に戻って自由と民主主義のために闘っている。そんないつまでもひとりの人間であり続けようとするワレサ氏とは古くからの友人であり盟友関係にあったのが、さらに日本人びいきのワイダ監督だ。

第二次大戦中、若いワイダ氏はナチスドイツに対するレジスタンス運動に参加。そのときの経験がのちの芸術作品のテーマとなった。長編映画『世代』でデビューしたのち、『灰とダイヤモンド』でベネチア国際映画祭国際批評家連盟賞を受賞。また、日本で初公開された『地下水道』はカンヌ国際映画祭審査員特別賞を受賞し、ワイダ氏の名前は一躍世界に轟いた。ちなみに、この三つの作品は「抵抗三部作」と呼ばれている。

また、ワレサ氏とともに民主化を求めて「連帯」運動に参加したため、民主化を阻もうとする政府から圧力がかかったワイダ氏は職を追われ、亡命を余儀なくされたことがあった。民主化後に帰国したワイダ監督の作品にはますます磨きがかかったが、そのなかでも構想に五〇年、制作に一七年の歳月を費やし、八〇歳になった二〇〇七年に完成した『カティンの森』は、氏のライフワーク、父親の仇討ともいうべき作品だった。この映画には、歴史上、隣国の侵入を許し支配されてきたポーランドの悲劇が凝縮している。

民主革命を推進する「連帯」がポーランドで生まれたのは、決して偶然ではない。なぜなら同様の歴史は、すでに一六世紀後半に見られるからだ。当時、ポーランドは貴族のなかから王を選挙で決定する進歩的な選挙王制に移行。その後も貴族と市民の平等を謳ったヨーロッパ最初の民主的な「五月三日憲法」を制定したことで、古い体制を維持しようとするロシアとプロイセンは自国に民主主義が普及するのを怖れて、オーストリアとともにポーランドに侵攻。一七九五年に国土は三分割されて、第一次大戦が終わるまでの一二三年間、ポーランドは地上から消滅してしまった。もとをたどれば、ポーランド人の自由・民主の気質が招いた国難といえなくもない。

戦後、新生ポーランドを再建してぬか喜びしたものの、またもドイツがポーランドに侵攻して第二次大戦が勃発。秘密裏に独ソ不可侵条約を結んだドイツとソ連は、東西からポーランドに進軍して挟み撃ちにした。このときソ連軍に捕虜にされたポーランド人の軍人や民間人は強制収容所（ラーゲリ）に送られ、非道にもスターリンは殺害命令を下した。

「諸君は帰国が許されたので、西へ向かう」と告げられたが、たどり着いた先はソ連のグニェズドヴォ村近郊の森林で、ここで約二万五〇〇〇人（被害者数は諸説あり）が銃殺されて埋められた。「西へ向かう」とは、死を意味する隠語だった。このとき殺害された将校のひとりに、ワイダ氏の父親がいた。

事件から七〇年後の二〇一〇年四月一〇日、カティンの森事件の追悼式典が事件現場で執り行われた。この式典に参列するため、カチンスキ大統領夫妻など九六人の政府要人を乗せた政府特別機がロシアに向かったが、パイロットは現場付近で操縦を誤って墜落。このなかには、この事件で親を虐殺された遺族の代表も搭乗していたのは、あまりにも不幸な歴史のめぐり合わせだ。

これに先立つ四月七日にプーチン大統領主催の追悼式典があったが、ここにはカチンスキ大統領と不仲のポーランドのトゥスク首相が参列。こちらの式典に出たワイダ監督は強運の持ち主だったといえる。

ところで、ワイダ氏が映画を志す以前に、クラクフ美術大学で学んだことがある。そこでは浮世絵をはじめ日本美術にすっかり魅了され、以後、大の日本ファンとなった。そのため、一九八七年に京都賞（精神科学・表現芸術部門）を受賞した氏は、副賞四〇〇〇万円を全額寄付してクラクフに日本美術・技術センターを建設。通称、〝マンガ・センター〟の愛称で親しまれる施設では、約四六〇〇点の浮世絵が展示されているほか日本のハイテクノロジーを紹介。日本語講座や茶道教室も開かれている。

また、ワイダ氏は坂東玉三郎主演のドストエフスキーの『白痴』や、加藤剛主演の『コルチャック先生』の舞台監修を行なったことでも話題を集めた。

さて、東日本大震災直後にワイダ氏の心温まるメッセージが新聞（三月二一日付の岩手日報・神戸新聞など）に掲載された。

長文のメッセージは、「このたびの苦難の時に当たって、心の底からご同情申し上げます。深く悲しみをともにすると同時に、称賛の思いも強くしています。恐るべき大災害に皆さんが立ち向かう姿をみると、常に日本人に対して抱き続けてきた尊敬の念を新たにします。その姿は世界中が見習う模範です」ではじまる。

ここでワイダ氏はこのような経験を何世紀にもわたって受け入れてきた日本人は、悲劇や苦難を乗り越えて生き続け、国を再建してゆくでしょうと期待を寄せる。しかもいつ何時、危機に直面して自分の生き方を見直さざるをえなくなるかわからない、ということを常に意識している日本人は素晴らしい。また、日本人が悲観主義に陥らないのは驚くべきことであり、悲観どころか日本の芸術には生きることへの喜びと楽観があふれていると称える。

そして最後に「私はあなたたちに思いをはせています。この悪夢が早く終わって、繰り返さないよう心から願っています。この至難の時を、力強く、決意をもって乗り越えられんことを」と締めくくっている。

恩を忘れない人々、永遠なるシベリア孤児の史実

ポーランドが大の親日国になったのは、なにも昨日今日にはじまったことではない。その親日の歴史は、大正時代にさかのぼる。長い間、帝政ロシアに支配されていたポーランドは、第一次大戦後の一九一八年になってようやく独立の機会に恵まれた。それ以前にロシアから独立を企てて失敗したポーランド人革命家は、政治犯としてシベリアに流されていた。当時、ロシア革命の混乱のなかでそういった政治犯とその家族や難民など、一〇数万人がシベリアに取り残されて、寒さと飢えと疫病に苦しんでいた。

そんな危機的な状況を憂えたポーランド新政府は、せめて子どもたちだけでも救出して祖国に送り届けられないものかと欧米政府に頼んだが、どこも態度は冷ややかだった。最後に駄目元でシベリアに近い日本に援助を求めたところ、当時まだ正式な国交がなかったうえ、一民間組織に過ぎないポーランド救済委員会からの願いを日本

政府は聞き入れた。

日本赤十字社の協力で、決定から早くも二週間後に帝国陸軍の輸送船に乗せられたシベリアのポーランド人孤児が到着。輸送船は何度か往復し、合計七六五人の子どもたちが送り届けられた。日本では医師や看護師の手厚い看病に、栄養のある食事やお菓子も振る舞われたほか、歯の治療や散髪など、実に至れり尽くせりだった。

また、新聞のニュースで孤児のことを知った人々から、寄付金や贈り物が届けられたり、直接、施設を慰問する人々も後を絶たなかった。訪問者のなかには、孤児の粗末な衣服を見て、自分の着ている服や髪に飾ったリボンや櫛(くし)をプレゼントする日本の子どももいたらしい。

やがて健康を回復してすっかり元気になった孤児たちは、新調してもらった服を着て日本を後にした。別れを惜しむ子どもたちは、泣きながらお世話になった人たちの首にしがみついていつまでも離れようとしなかったという。その後シベリア孤児の話は、現在に至るまでポーランド本国ではもちろん、アメリカで暮らすポーランド移民の間でも語り継がれている。

後日、極東委員会のヤクブケビッチ副会長は、礼状のなかで次のように述べた。

「日本人はポーランドとは、まったく縁の薄い異なる民族です。日本はポーランドとは、まったく異なる地球の反対側にある国です。しかしながら、不運なるポーランドの子どもたちにかくも深い同情を寄せ、心からの憐憫の情を示してくれた以上、我々ポーランド人は肝に銘じてその恩を忘れることはありません」と。さらに「ポーランド国民は日本に対し、最も深い尊敬、最も深い感銘、最も深い感謝と報恩、最も温かき友情と愛情をもっていることをお伝えしたい」と綴られていた。

その言葉通り、かつての恩に報いるため、阪神淡路大震災で被災した日本の児童合計六〇人がポーランドに招かれた。三週間ポーランドに滞在した子どもたちは、異国の人々の温かな心に触れて深い心の傷を癒した。

帰国前のパーティーには、シベリア孤児の四人が「七五年前の自分たちのような可哀想な日本の子どもたちがポーランドに来たからには、ぜひ当時の話を聞かせたい」と不自由な体に鞭打ってやって来た。最後に老人たちは、日本の被災児童一人ひとりにバラの花を一輪ずつ手渡すと、「これで恩返しができた」と涙をこぼしたという。

二〇〇二年、ポーランドを公式訪問された天皇皇后両陛下にシベリア孤児の生存者のアントニーナ・リロさんが謁見した。当時三歳の彼女は八五歳になっていた。彼女は阪神淡路大震災後にポーランドに招待された被災児童が一〇年後に再びポーランドを訪ねた際も、立派に成長した子どもたちを出迎えた。またリロさんは、第二次大戦中にポーランドのユダヤ人をナチスから救い、イスラエル政府から表彰されたこともある。その際、「日本人に助けられたので、今度は私がユダヤ人を助けて恩返しした」と語っていたという。

そして二〇〇六年、最後のシベリア孤児となったリロさんは、「日本は天国のようなところだった」という言葉を遺し、安らかに九〇歳の生涯を終えた。

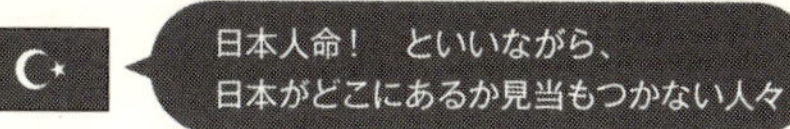
日本人命！　といいながら、
日本がどこにあるか見当もつかない人々

トルコ

好きな国、行ってみたい国調査では、毎回日本をNo.1に挙げるのは、日露戦争で日本が天敵のロシアに勝利したことが大きい。

1890年、トルコの軍艦エルトゥールル号が和歌山県沖で難破した際、日本人が献身的に介護。

95年後のイラン・イラク戦争で、トルコ政府が危険を顧みず、邦人を危機一髪で救出したのは、そのときの恩返しだった。

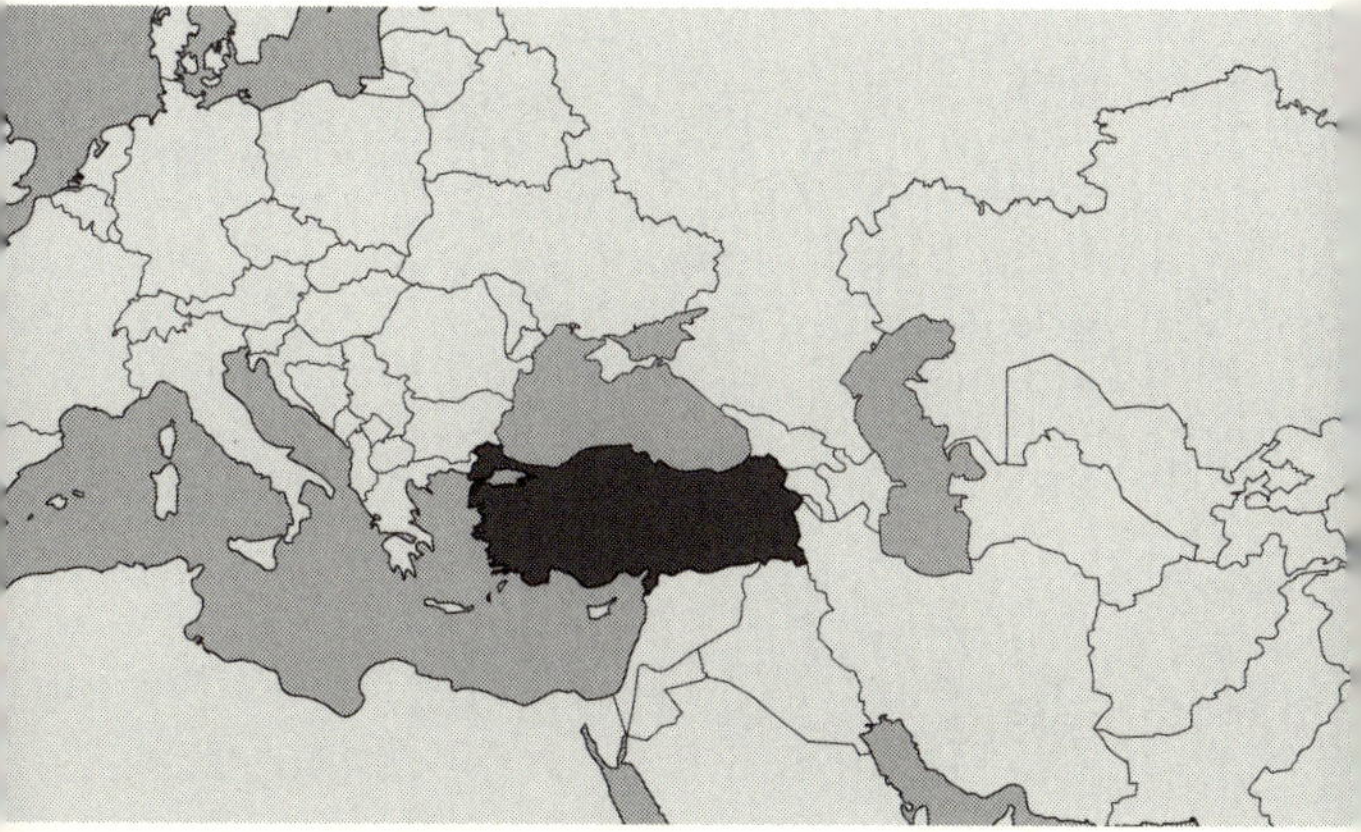

- ▶ **正式名称** トルコ共和国〈Republic of Turkey〉
- ▶ **首都** アンカラ
- ▶ **人口［順位］** 7941.4万人［19位］
- ▶ **面積［順位］** 783,562km²［37位］
- ▶ **通貨** トルコ＝リラ
- ▶ **主な言語** トルコ語
- ▶ **世界遺産** イスタンブールの歴史地区、エフェソス　など

ヨーロッパで最も親日的な国

トルコは世界で最も親日的な国のひとつだ。なにしろ「好きな国はどこか」というアンケート調査では、毎回日本がトップ。「行ってみたい外国」では、九〇パーセント以上が日本と答えている。

国土はアジアとヨーロッパ大陸の両方にまたがっているが、国が向いている方向はヨーロッパだ。実際にEU（欧州連合）加盟をめざしているし、加盟が適切かどうか判定するコペンハーゲン基準でもヨーロッパと認められている。政治や経済に限らず、サッカーワールドカップやオリンピックなどのスポーツの分野でもトルコはヨーロッパ大会に参加し、その一員として扱われている。

「その昔、アジアの中心に住んでいたのがトルコ人と日本人で、そこから西に向かったのがトルコ人。東に向かったのが日本人。だからトルコ人と日本人は兄弟なのさ」と信じているトルコ人は少なくない。反面、「日本はどこにあるか？」と尋ねられると、大半の人はさっぱりわからない。ときには「アフリカのどこか」とか、「南北アメリカ大陸の中間」などというトンチンカンな答えが返ってくる。トルコにとって、とにかく日本は想像を絶するほど遠くにある憧れの国なのだ。

歴史上、テュルク系の民族にあたるトルコ人の先祖は、中国の周の時代に略奪をほしいままにしていた北方民族の狄（テキ）として歴史の舞台に登場する。だがトルコでは、六世紀に中央アジアで勢力を伸ばした遊牧民族の突厥を直接のルーツとし、突厥の建国をもって自国の起源とする。そのためトルコの主な民族はアジア系だが、オスマン帝国時代に同居するようになったクルド人やアラブ人のほか、ギリシャ人やアルメニア人などの西欧人も含まれている。だから一口に〝トルコ人〟といっても、恰幅のいい熊のような強面の毛むくじゃらの人から、金髪ですらっとした色白のギリシャ彫刻のような人までいろいろだ。

トルコ風呂とトルコライス

トルコといえば、「トルコ行進曲」「トルココーヒー」、そしてちょっと上の世代の方は良くも悪くも「トルコ風呂」を思い出すだろう。風呂といっても入浴するのではなく、トルコ式ハマムと呼ばれる蒸し風呂だ。以前トルコを旅したとき、トルコ風呂の初体験をしたことがある。促されるまま大理石の上に横たわると、おばさんに着ていた水着を脱がされて、さっきまで大理石を磨いていた布で全身きれいに洗い流された。男性には筋骨たくましい男性が、バッキバキのマッサージをしてくれることもあるという。

ところでこのトルコ風呂で思い出すのが、日本のソープランド。一九八〇年代の中頃までソープランドはトルコ風呂と呼ばれていたが、これを祖国への冒涜と感じて憤慨したり、悲嘆に暮れる日本在住のトルコ人は多かった。

毎日新聞（一九七五年一一月一四日付けの夕刊、コラム「赤でんわ」）によると、当時、新宿の歌舞伎町に「大使館」という名前のトルコ風呂があったという。この風俗店ができてからというもの、駐日トルコ大使館には、毎晩「今、すいてますか？」とか、「帰りに食事したいんだけど、Aちゃんいる？」などといった怪しげな電話がひっきりなしにかかってきた。客が１０４の番号案内でトルコ風呂の「大使館」を尋ねたところ、電話交換手が誤ってトルコ大使館の電話番号を教えていたらしい。これにたまりかねたトルコ大使館は、外務省に正式に抗議を申し入れた。

その後、一九八四年に日本に留学していたサンジャックさんというトルコ人の学生が、東京にトルコ風呂があると聞いて、故郷のハマムを懐かしんで行ってみたところ、その実態を知って茫然（ぼうぜん）としてしまう。ショックから立ち直れずに、一度は帰国しようかと思い悩んだ末に、勇気を出して名前を変えてほしいと厚生労働大臣（当時の厚生大臣）に手紙を送った。ほどなく、この問題がマスコミで大きく取り上げられたことで、風俗業界では自主的にトルコ風呂という名称を撤廃する動きが加速。最終的に新たな名前が公募され、約二四〇〇のなかからソープランドと命名されたのだった。

こうしてトルコ風呂はなくなったが、「トルコライス」というのがある。六〇年も前に長崎で考案されたもので、ピラフとナポリタンとトンカツをいっしょの皿に盛りつけた料理だ。二〇一〇年、長崎市では日本とトルコの友好のはじまりとされる「エルトゥールル号」が嵐で沈没した九月一六日を「トルコライスの日」と制定。後日、勇んでトルコ大使館を訪ねてこのことを伝えた田上長崎市長だったが、「名前がついているのは喜ばしいことだが、この日は追悼の日」とそっけない返事。市長は「配慮が足りなかった」と潔くその非を認めて撤回したのだった。

それに加えて、日本の料理人団体がトルコの料理人にトルコライスを紹介したところ、「イスラム圏ではトンカツは食べない」と一蹴されてしまった。イスラム教では豚肉を食べることを固く禁じていることも、知っておくべきだったかもしれない。ちなみにトルコ料理で有名なのは、回転する大きな串に巻いてあぶった羊の肉を薄くそぎ落としてパンにはさんだケバブサンドイッチ。油でカラッと揚げた鯖をはさんだサバサンドも好評だ。

日本人が大好きなわけ

両国は、前述のような誤解や行き違いがあったものの、トルコ人が日本人を大好きなのは、いくつかの理由がある。そのうちのひとつは、トルコの天敵のロシアを日本が日露戦争で撃ち破ったことに対する感謝と尊敬の念からだ。ロシア帝国とオスマン帝国の両雄は、一六世紀半ばから第一次大戦に至るまでの三五〇年間に計一二回も交戦。とりわけ一八七八年の露土戦争では、バルカン半島のスラヴ人の同胞をトルコから解放するという大義名分を掲げたロシアがトルコに戦いを挑んで勝利した。その結果、セルビア、モンテネグロ、ルーマニアが独立したほか、トルコは多くの領土を失った。

そのにっくきロシアを極東の小さな島国の日本がやっつけたのだから、トルコは大いに溜飲を下げたに違いない。特にバルチック艦隊を撃破した連合艦隊司令長官の東郷平八郎や乃木希典の名前はトルコ全土に響き渡った。そんなことから、当時のイスタンブールには「トーゴー通り」や「ノギ通り」があったほか、英雄にあやかろうと自分の息子に「トーゴー」「ノギ」と命名したトルコ人の父親は少なくなかった。いくらアメリカびいきの日本人がいたとしても、子どもに「ケネディ」や「ジェファーソン」などと名づける親は見かけない。

また第一次大戦の敗戦後にトルコ革命を指揮し、今も〝新生トルコの父〟と慕われるトルコ共和国の初代大統領に就いたケマル・アタチュルクは明治天皇を敬愛し、その写真を机の上に飾っていたという。政教分離、トルコ語の改革（アラビア文字からラテン文字）、女性の権利拡大、苗字法の施行、農業改革など、西欧化・近代化を急いだアタチュルクの口癖は、「日本を見習え！」だった。

しかし、トルコ人が日本人をこよなく愛する理由はほかにもある。一八九〇年九月

一六日、皇族の小松宮夫妻がトルコを訪問した返礼として、トルコ政府は約五〇人の将校を含む六〇九名の特使を乗せた軍艦「エルトゥールル号」を派遣した。その帰途、船は和歌山県大島村（今の串本町）沖合で嵐に遭遇して沈没し、五八七名の死者・行方不明者を出す大惨事となった。

このとき村人が自分の食糧や飼っていたニワトリをつぶして必死に介護したことで、六九名の命が救われた。これを知った明治天皇は、現地に医者や看護師を送って看病にあたらせたのち、二隻の軍艦で生存者をトルコまで送り届けさせた。

また、トルコ人のために何かしたいと義援金を募ったのが茶道の家元の山田寅次郎で、事故から二年後に集まった五〇〇〇円（現在の約一億円）を届けにトルコへと旅立った。トルコ皇帝は寅次郎の真心をことのほか喜び、そのままトルコに残るよう提案。その後、寅次郎は日本語教育や日本文化の普及に努め、トルコで計二〇年近くも暮らしたという。このとき彼が士官学校で日本語を教えていた生徒のなかには、ケマル・アタチュルクの姿もあった。なお、寅次郎が皇帝に献上した先祖代々の家宝の甲冑は、現在もトプカプ宮殿に大事に保管されている。

この話には後日談がある。イラン・イラク戦争のさなか、突如、フセイン大統領は「今から四八時間以内に、敵国のイラン上空を飛行する飛行機はすべて撃ち落とす」と宣言。そのときイラン国内にいた二一五人の邦人はパニックに陥った。当時は、J

ALもANAもテヘランには乗り入れていない。邦人は外国機を使って必死の脱出を試みたが、どこの国の旅客機も自国民を優先して助けてくれない。一方、すぐにでも救援機を飛ばしたい日本政府だったが、イラクから航行の安全を保障してもらえず身動きがとれなかった。そんなときタイムリミット一時間一五分前に、スーパーマンのように日本人を救出してくれたのはトルコ政府だった。

トルコの特別機をテヘランに向かわせた当時のオザル首相は、「なぜそんな危険を冒すのか？」とマスコミから質問されたとき「それは日本人だからです……」と答えた。救出劇の舞台裏では、在イラン日本大使が窮状を訴えたことに加え、オザル首相と個人的に長い付き合いがあった日本人商社マンの友情に応えたものだった。しかもトルコ航空内で救出に向かうパイロットを募ったところ、パイロット全員が志願したという。

「エルトゥールル号の事故について、大島の人たちや日本人がしてくださった献身的な救援活動を今でもトルコの国民は忘れていません。私も子どものころ歴史の教科書で習いました」と語ったネジアティ・ウトカン駐日大使の言葉が忘れられない。

絨毯屋を梯子してアップルティーを三杯

もう二〇年以上も昔の話になるが、日本からオーストリアのウィーンをめざしたとき、旅の途上でトルコに立ち寄った。

アジアとヨーロッパのふたつの顔をもつエキゾチックな街を歩いていると、トルコ人の少年から「コンニチハ」となつかしい日本語で声をかけられた。「ワタシのおじさんは日本人が大好き」「おじさんのところへ行きましょう」といつの間にか先導されている。あまり日本人びいきの無垢な子どもをないがしろにしてもと思って少年について行くと、連れられた先はなぜかトルコ絨毯屋だった。

ひげ面のちょっとむさ苦しいが、愛想のいいおじさんが「オッー、フレンド!」といって手を差し出してきた。私たちはブルンブルンと固い握手を交わすと椅子に腰かけるよう促され、「ティーはいかがですか?」と勧められた。

サービスの良い親切な人だなあと、勧められるままに小さなグラスに注がれたアップルティーを口にした。すると、なぜか〝おじさん〟は目の前で色とりどりの高級絨毯をパッと広げては、床の上に一枚また一枚と積み重ねていった。

「この柄もいいな」「こっちのデザインも素敵」と、しばし絨毯のショーに見とれていた。ふたりともアップルティーも飲み干した頃、「それじゃ、そろそろおいとましようか?」と立ち上がり、「最後にあの少年にあいさつしてゆこう」とあたりを見渡すが、男の子の姿はすでにない。仕方なく、店のおじさんにお礼をいい伝言を託して店を後にした。

次にビザンティン建築の最高傑作といわれる壮麗なアヤソフィアを見学。ちなみに、このモスク（イスラム教寺院）は、もともとは東ローマ帝国時代にキリスト教の大聖堂として建てられたもので、地下に広大な地下貯水場がある。『007』のロケ地にもなったところだ。

アヤソフィアの近くでガイドブックを広げてまごまごしていると、また「コンニチハ」と声がする。「日本人ですか?」と別の少年がどこからともなく登場。「私のおじさんは日本人が大好き、すぐ近くにいます」と誘導していく。

日本人て人気があるんだなと、まんざら悪い気もしない。でも「まだ観光の途中だから」と丁寧に断りを入れたが、そんなことでいっこうにあきらめるふうもない。とにかくまとわりついたまま、おじさんのところに来てもらわないことには離れそうにない。

少年の強い決意にほだされて一〇分ほどいっしょに歩いて行くと、そこはやはり絨毯屋だった。ここでもアップルティーをごちそうされ、なぜかまた別のおじさんは絨毯を広げはじめる。

「絨毯はきれいだけど、ウィーンまで持って行けないしね」。絨毯屋の店主にわけを話して、店を立ち去った。だが、このときもすでに少年Bの姿はなかった。

今でも笑い草なのだが、お人好しの日本人夫婦は、この日少年Cからも声をかけられた。もういいかげんにしてほしいと半ばむかつきながらも、あまりにも日本人に好意を示してくる子どもの願いを無視できず、三件目の絨毯屋で三杯目のアップルティーをごちそうになった。少年Cの姿がないと知ったとき、ほぼ同時に「ああそうかっ！　少年は絨毯屋の客引きだったのか」とようやく合点がいったまぬけなふたりだった。

しかし自己弁護のために言い訳をさせてもらうと、トルコ人が日本人を大好きだというのは演技でなく本心から発している言葉なので、少年の下心が見ぬけなかったのだ。それにしても人の良い日本人観光客は、カモがネギを背負って歩いているようなものなので十分注意してほしい。日本人好きのトルコ人は、同時に利に聡い商売熱心な民族でもあるのだから。

実は日本文化・国民性を尊び、
空前の日本ブームに沸いている

ロシア

アメリカの防衛戦略パートナーである日本は、
北方領土問題を抱えることで、どうしてもロシアに対して怖いイメージがある。
しかしロシア人は日本の四季や温泉など豊かな自然、高い生活水準、
特に伝統文化を深く敬愛している。
柔道8段のウラジミール・プーチン大統領は、
柔道を通して日本人の心や考え方、
文化が世界に広まってゆくのを念願すると語った。

- ▶ 正式名称　ロシア連邦〈Russian Federation〉
- ▶ 首　　都　モスクワ
- ▶ 人口［順位］　14,242.3万人［10位］
- ▶ 面積［順位］　17,098,242km²［1位］
- ▶ 通　　貨　ルーブル
- ▶ 主な言語　ロシア語
- ▶ 世界遺産　サンクト・ペテルブルク歴史地区、モスクワのクレムリンと赤の広場、ボルガルの歴史的考古学的建造物群　など

近くて遠いロシアと日本

ロシアと聞いてまっ先に思い浮かぶ言葉は、「北方領土」「革命」「冷戦」「ＫＧＢ」「シベリア」……、条件反射的に「コワイ国」と連想しがちだ。また「世界最大の国土」「地下資源が豊富」「軍事大国」「宇宙開発」など冠がつく強大な国家ロシアに、日本などとても太刀打ちできないと思いこんでいるところがある。

ところが、そのロシアでは今空前の日本ブームに沸いている。ロシアでは和食も人気で、日本レストランの数はなんと六〇〇店舗にのぼり、またメイド・イン・ジャパンの車や家電は品質の良さだけでなく、一種のステータスになっている。さらに、資本主義導入後に国営企業や国家資産を不当に私有して成金にのし上がったオリガルヒ（新興財閥）のなかには、屋根瓦を敷き、日本庭園、茶室、檜風呂まである日本風の住居で暮らす大富豪もいる。

最近では日本の武道や伝統文化だけでなく、アニメやテレビゲームから「クール・ジャパン」と、熱いエールを送るロシア人も増えている。でも日本ではそんなことは滅多に報道されないので、ロシアに対する疑心暗鬼からぬけ出せずにいる。私もあまりいい印象をもっていなかったひとりだったが、東欧革命後のペレストロイカのまっただなか、シベリア鉄道でロシアを旅してイメージが一変した。

実家のある新潟空港から旧ソ連のハバロフスクへはたった二時間のフライトで、拍子ぬけするほど近かった。なのにそこから出発した列車の旅では、途中、寒々しいツンドラの景色だけが二～三日も続いたのにはビックリ。途方もなく広大なロシアの大地を実感できた。バイカル湖畔に途中下車して立ち寄った小さな村では、地元のお婆(ばあ)さんが「ヤポン、ヤポン」と歓迎してくれ、言葉も通じないのに身ぶり手ぶりで話した。

モスクワの子ども劇場ではチケットは売り切れていたが、「日本からはるばる来ました」とお願いすると、取りつく島もなかった窓口の人が特等席のご招待券を用意してくれた。料金を支払おうとしたが、「いいのいいの、ヤポンだからね」といわれて、チップさえ受け取ろうとしなかった。

旅先でいろいろな人と出会うなかで「ロシア人は親切であったかい」、とロシア人像が新たに塗りかえられたのだった。スラヴ系のロシア人は、もともとホスピタリティー精神に富む。果たして、誰にでも親切なのか。それとも日本人への特別待遇だったのかは、このときは気にもとめていなかった。

プーチン大統領の犬猫外交

歴代のロシアの為政者のなかで、最も日本文化に理解を示し親愛の意を表しているのは、欧米諸国に受けのいい〝ゴルビー・スマイル〟が魅力(みりょく)のゴルバチョフ元大統領よりも、むしろKGBあがりで強面のプーチン大統領だろう。柔道八段の腕前をもち、日本訪問時にはスケジュールの間をぬって講道館を訪れている。そのときの大統領のスピーチを、元オリンピック金メダリストの山下泰裕氏が次のように紹介している。

「講道館に来ると、まるで我が家に帰ってきたような安らぎを覚えるのは、きっと私だけではないでしょう。世界中の柔道家にとって、講道館は第二の故郷だからです。日本の柔道が世界の柔道へと発展していくのは大変素晴らしいことですが、われわれにはもっと注目すべきことがあります。それは、日本人の心や考え方、そして文化が柔道を通じて世界に広まってゆくことです」

「柔道と出会っていなかったらどうなっていたかわからない」と語るプーチン大統領が尊敬する人物は、嘉納治五郎、姿三四郎、山下泰裕。事実、大統領公邸内に造らせた道場には、功名な彫刻家が彫った、柔道の創始者である嘉納治五郎の像が飾ってある。若い頃、問題児だったというプーチン氏は柔道をはじめたことで生活態度を改めた。確かに柔道をしていなかったら、ロシアの大統領にまで上りつめることはなかっただろう。

「畳の上では上下関係はなく、誰もが平等だ」「柔道が世界的スポーツになったのは勇敢ということだけでなく、何世紀もの伝統を守っているからでもある。日本文化の伝統だ」とも話すプーチン氏は、武道はもとより日本の伝統文化へ尊敬の念を示している。

反面、二〇〇七年七月の九州・沖縄サミットで、ホスト役の森首相が各国首脳に刷り上がったばかりの二〇〇〇円札紙幣をプレゼントした際、プーチン大統領は「日本は不倫や近親相姦をテーマにした小説を紙幣に印刷するほど、社会が堕落したのか」と皮肉った。礼節を重んじ、心身を鍛錬する男らしい柔道に心酔する大統領は、宮廷の色模様を描いた源氏物語にも精通していたわけだ。

また、プーチン氏にはふたりの美人の娘がいるが、二女のエカテリーナさんはサンクトペテルブルク大学東洋学部日本語学科専攻だというから父親の影響を受けて育ったのかもしれない。

ところでプーチン氏は大の愛犬家としても知られる。ソチ五輪の開会式後に行われた日露首脳会談では、大統領といっしょに犬が出迎えた写真がロシアの新聞を大きく飾った。この秋田犬のハナは、東日本大震災の支援に対する御礼として秋田県の佐竹敬久知事から贈られたもので、その後プーチン氏が柔和なまなざしでハナと戯れる姿が話題となった。

義理とウィットに富むプーチン氏は、その返礼としてシベリア猫の「ミール」（ロシア語で「平和」の意）を贈り、贈呈式の模様がロシアのテレビニュースで報道された。両国を代表する犬と猫が、政治家が果たせない日露の平和外交の代役を務めてくれたのだった。

世界フィギュア選手権で見たロシアの愛

「この大会は日本で行われるはずでしたが、もうご存知の通り、日本は未曾有の災難に見舞われました。地震、津波、そして原子力施設の事故です。原子力施設での災害というのが、いかにすごいものであるかは、ここロシアのわれわれほど知っている人はいません」

プーチン大統領は、二〇一一年のモスクワにおける世界フィギュア選手権の開会宣言で観衆にこのように語りかけ、日本の国民・政府がこの険しい道のりを勇敢に進んで、すべての問題を解決してくれると信じていると述べた。

本来、東京で開催されるはずだったこの大会は、直前に東日本大震災が起きたことで日本に代わって、急きょ一カ月後に開催を延期してロシアが引き受けてくれたのだった。極端に準備期間が短いなか、オープニング・セレモニーは日本と犠牲になった日本の人々に追悼を捧げるものだった。

黒い着物に帯とハチマキをしめた男女が奏でる和太鼓ふうの力強い音楽が、会場いっぱいに地響きのように鳴り響く。アイスリンクには地球の心臓が胎動するような映像が映し出され、その上を地震波が走る。上空から海洋に浮かぶ日本列島が徐々に大写しされると、淡いピンク色の桜が風に揺れている。

そして、厳かに「日本に捧げる詩」が朗読された。

「……あらゆるものを水は深海に流した
しかし何があっても太陽は東から昇る
自然の暴力は光に勝てない
われわれの神様が、地球のあらゆる生命を守ってくれますように
桜が公園に咲き乱れますように（中略）
子どもも大人も友人も互いに手をとりあい
この地球上、われわれはひとつの家族になっていることを忘れないでほしい
世界は日本の国民を助け、サポートするためにひとつになっています（抜粋）」

この詩が会場に流れる間、リンクいっぱいに日本の国旗が現れ、様々な民俗衣装に身を包んだ男女が日の丸を囲んで手をつないでいた。そして詩の朗読が終わると、東日本大震災の犠牲者に向けて、会場全体で一分間の黙祷が捧げられた。

この開会式は日本人を励ましたいというロシア側の配慮で、日本時間のゴールデンタイムに合わせて開催されたが、なぜかフジテレビは前日のショートプログラムの振り返りVTRの後、韓国のキム・ヨナ選手の特集を放送。のちにこのことを知った視

聴者から、ロシアの好意を台無しにするものだったという意見が多数寄せられた。

それから三年後の二〇一四年三月、さいたま市で開催されたフィギュアスケート世界選手権では、浅田真央選手がショートプログラムで世界歴代最高の七八・六六をマーク。その前月のソチ五輪でショートプログラムがふるわず、「あの子、大事なときには必ず転ぶ」と森喜朗元首相から評され六位に終わったが、今度は見事に優勝を飾った。

このとき二位になったのが、若干一五歳の愛くるしい妖精のようなロシアのユリア・リプニツカヤ選手。ソチ五輪でも大活躍し、女子団体の金メダル獲得に貢献したことで日本人のファンも多い。

浅田選手が大好きだというリプニツカヤ選手は、「(浅田選手は)もちろん世界で一番強い選手だと思う。特に好きなのは、滑走がきれいで、なめらかに滑るところ。尊敬しているし、とても好きな選手です」とインタビューに答えている。

また、「日本で演技するのはすべてのフィギュアスケーターにとって、とても心地の良いこと。あんなに好意的で理解があって、敬意をもったフィギュアスケートファンに、私はまだどこでも会ったことがない」と語る。日本からロシアに戻って一週間、日本がどんなに素晴らしいところかをみんなに話しまくったほどだ。

いつか日本で見たいのは桜。日本で夕日を見た彼女は、「あんな赤い夕日は世界中どこにもない」と感動し、このとき日本の国旗がどうして日の丸なのかわかったという。

ロシアに漂流した日本人

ヨーロッパの列強が集う「ウィーン会議」をモチーフにした映画『会議は踊る』の主人公がロシア皇帝アレクサンドル一世だったように、ロシアはいつもヨーロッパ社交界の中心的存在だった。アフリカ分割のベルリン会議でも、二度の世界大戦でも、ナイチンゲールが活躍したクリミア戦争でも、一九世紀に清王朝時代の中国を半植民地化したときも、イギリス・フランス・ドイツなどとともにロシアはヨーロッパ列強の一画にいた。

ロシア帝国の都は、最もヨーロッパに近いバルト海沿岸のサンクトペテルブルクに置かれていた。だから一七世紀以降に領有した極東のカムチャッカ半島は、長い間ロシアにとっても未知の土地だったようだ。

ロシアに日本の存在が知られるようになったのは、一六世紀にポルトガル人が日本と交易をはじめた後のことで、一六六七年のロシア版メルカトル図法の「世界地図」には三つの島からなる「日本」が描かれている。

当時、鎖国政策をとっていた日本とロシアとの交流は、遭難した船乗りたちからはじまった。記録によれば、五代将軍徳川綱吉の元禄から一二代家慶の嘉永に至る約一五〇年間（一六九六年〜一八五〇年）で、ロシアに漂着した日本船は一三隻、日本人乗組員は一七四名にのぼる。

このなかでロシア皇帝に会った漂流者は数人いるが、そのうちのひとりが一七世紀終わりにカムチャッカ半島に流れ着いた大坂商人の伝兵衛（でんべえ）だ。大坂から江戸へ向かう途中、一五人を乗せた船が嵐にあい、仲間と離ればなれになった伝兵衛はひとりカムチャダール人の部落で生きのびていた。そこへ来たコサック隊長のアトラソフに連れ出され、一七〇二年に皇帝ピョートル一世（ピョートル大帝）に謁見する。そこで伝兵衛は皇帝から日本の風習、信仰、政治、都や都市などについて事細かく問われた。

皇帝は生まれてはじめて見る日本人に、「黒いつやつやした髪をもち、ちょび髭をはやした、やせすぎのギリシャ人のような男」との印象をもった。伝兵衛は日本へ帰国することを懇願したが許されず、逆に極東開発を思いついたピョートル大帝は現サンクトペテルブルクに日本語学校を開校し、そこで教師として働くことになった。

だが、ロシアへ渡った日本人漂流者で最も有名なのは、小説や映画にもなった大黒屋光太夫（だいこくやこうだゆう）だろう。彼もまた、天明二年（一七八二年）に伊勢（現三重県）から江戸へ向かう際に商船が難破し、アリューシャン列島の小島に漂着する。そこから何年もかけてようやくロシアの都にたどりついた光太夫は、女帝エカテリーナ二世と謁見し帰国を許された。

また、同じ船で難破した仲間の新蔵は熱病にかかってしまい、光太夫と首都へ向かうことを断念。帰国をあきらめた彼は、洗礼を受けてロシアに帰化し、ロシア人の女性と結婚した。ロシア語を習得した新蔵は、イルクーツクの日本語学校の教師として生涯を終えた。

ロシア皇太子訪問

一八九一年、ロシアのニコライ皇太子（のちの皇帝ニコライ二世）は、父の皇帝アレクサンドル三世の名代としてシベリア鉄道の起工式に参加するため、エジプト、インド、スリランカ、シンガポール、ベトナム、中国を巡遊したのち長崎港に着いた。

皇太子は、長崎、鹿児島、神戸、京都、大阪、奈良、横浜、東京、鎌倉、熱海、日光、仙台、松島、盛岡、青森と日本の各都市を縦断して回る予定でいたが、滋賀県の大津に滞在中に地元の巡査から切りつけられた（大津事件）。幸い、居合わせた観光案内のふたりの車夫が犯人をとり押さえて皇太子を助け、のちに帰国の船に招かれて褒美をさずかっている。事件を重くみた明治天皇が迅速にお見舞いに駆けつけたことで、国際問題や戦争に発展するには至らなかった。

こんな暗殺未遂事件があったにもかかわらず、ニコライ皇太子はたくさんの日本の美術品を収集して持ち帰っている。その後、東洋の陶器技術を学んだロシアは、王宮陶磁器製造所を創設。ここで焼いた歌川広重の『名所江戸百景』を図案化したカップには、皇帝ニコライ二世のイニシャルが刻まれている。

日本に拿捕されたロシア艦長

昭和であれば「北方領土」に「拿捕（だほ）」と聞けば、ロシア（ソ連）による一方的なもので、犠牲者は罪もない日本の漁船というのが常識だった。

ところが江戸時代後期には、その北方海域でしばしばロシアと日本の双方で小競（こぜ）り合（あ）いが起きている。そんななかロシアの軍艦ディアナ号が千島列島の国後（くなしり）島を測量探索中に、日本の松前藩（現青森県津軽地方）から砲撃を受け、艦長ヴァシリー・ゴロヴニンと乗組員数名が捕えられて収監される事件が起きている。

このとき副艦長のピョートル・リコルドはディアナ号でロシアへ一旦帰還し、翌年ゴロヴニンたちを連れ戻す交渉を試みる。しかし、日本側はすでに彼等は処刑されたと嘘（うそ）をついて交渉に応じようとしない。そこでリコルドは一計を案じ、国後島沖で日本の商船観世丸を拿捕して高田屋嘉兵衛らを捕えて、日本を交渉の場に引き出そうとした。

この高田屋嘉兵衛は商人であったが、探検家の間宮林蔵とも交流があり、幕府から蝦夷地交易を公に認められていた人物だ。国後島と択捉島間の航路を開き、択捉島の開拓が評価されて幕府から「蝦夷地御用定雇船頭」という武士級の役を任じられ、苗字帯刀も許されていた。また、鮭・鱒漁業の漁場を調査したり、アイヌの人々に漁を教えたり、北海道の北洋漁業の基礎をつくった功労者でもあった。

交渉にあたって、リコルドは嘉兵衛の人格や幕府への影響力まで把握していたのかもしれない。はじめは難色を示していた幕府だったが、嘉兵衛が「ロシア側には貿易交渉のみで、侵略の意図はない」と説いたことで、ようやく人質交換の交渉が成立。当時の日本の外交は、なかなかしたたかだった。

この間、約二年半囚われの身となっていた艦長ゴロヴニンは、祖国に戻ると自らの体験を『日本幽囚記』にまとめた。この著は外国語にも翻訳され、一八一七年に米『タイム』誌が「世にも珍しい興味深い作品が、最近サンクトペテルブルクより官費で刊行された。それは千島諸島の海洋調査中に、士官二人と水夫数名とともに日本人に捕らえられたロシア軍艦の艦長による、二年余に及ぶ日本での幽囚体験と観察からなる手記である。西洋人に対して、日本は二世紀にわたってその門戸を閉ざして来た。その内地で生活した著者の報告は、この注目すべき国民の風俗習慣や国民性に多くの新真実を提供することになるだろう」という記事を掲載している。

著書の中でゴロヴニンは、自分を捕えた日本人に対して「世界で最も聡明な民族」

「勤勉で万事に長けた国民」と賛辞を送っている。そのお陰で、キリスト教徒を迫害する野蛮な民族というヨーロッパ人が抱いていた日本人観がくつがえされたともいわれる。

あれから数百年の時を超えて、二〇〇六年にカムチャッカ州政府はナリチェヴォ自然公園にある三つの山を「ヴァシリー・ゴロヴニン」「ピョートル・リコルド」「タカダヤ・カヘイ」と名づけた。

ロシアにおけるジャポニスム

西ヨーロッパでは万博を機に日本趣味（ジャポニスム）が盛んになったが、ロシアで興ったジャポニスムは日本から直接もたらされたものだった。

国立プーシキン美術館には、江戸後期から明治初期の約三〇〇点の絵画、五〇〇点を超える版本と画帖、それに喜多川歌麿、葛飾北斎、歌川広重などの浮世絵約一〇〇〇点が所蔵されている。一般公開はされていないが、日本たばこ産業（ＪＴ）の協力で電子版カタログが作成され、美人画、役者絵、相撲絵、風景画、花鳥画、武者絵の一八～一九世紀コレクションが閲覧できる。

これらの蒐集（しゅうしゅう）を行ったのは、セルゲイ・ニコラエヴィッチ・キターエフという海軍士官で、一八八一年に海軍学校を卒業後まもなく日本海域を巡回する艦船の任務につき、大佐に昇進した生粋の軍人だ。キターエフは日本の芸術に魅せられて美術品を買いあさり、ヨーロッパで二番目の規模のコレクション」だとご満悦だった。

彼は、友人への手紙に「封建制度の廃止により、博学な武士階級は粉砕されてしまった……。何世紀もの間集められてきた貴重な美術品は、あるものは任意にあるものは否応なしに市場に出された」と、日本の美術品が裕福なヨーロッパの日本愛好家たちの手に渡ったことを記述している。

とりわけキターエフは北斎を高く評価し、「はじめて日本美術を知ったとき、私は誰よりも彼が好きになった」と述懐し、墓参りまでしている。彼のコレクションのなかには、北斎の『桜下の馬』など五枚の短冊画や『元禄歌仙貝合わせ』など貴重な作品もある。キターエフは東京美術学校校長で東洋美術史教授だった岡倉覚三（岡倉天心）とも親交があり、蒐集品の批評や講義も受けている。

キターエフはこのコレクションをもとに、一八九六年にサンクトペテルブルクで、翌年にモスクワ歴史博物館で最初の日本画展覧会を開催。だが、日露戦争直後に開催された三度目の日本美術展が最も盛況だった。というのは戦争に負けたことで、ロシアでは逆に日本文化への関心が高まったというから懐が深い。

このとき設営に関わったのは、ストラビンスキーの『春の祭典』の舞台の美術・衣装・台本に携わったニコライ・レーニヒだった。その影響で、当時のロシア・バレエの舞台には、しばしばジャポニスム的な風景が描かれた。

また一八八二年、アレクサンドル三世の戴冠式に参列した有栖川宮熾仁親王は、三五〇〇点の木版画を献上している。銀行家のアレクサンドル・レ・スティグリッツ男爵が設立したサンクトペテルブルク工芸製図専門学校には、日本美術部が置かれ、日本美術コレクションを収蔵する美術館もある。

さらにロシア革命後には、日本の詩・和歌・俳句がロシア語に翻訳されて人気となり、意外なことに世界で最初に『奥の細道』が翻訳され、『万葉集』が完訳されたのはロシアだった。

在日ロシア人の東北支援

在日ロシア人のインタビューを集めた『実は日本人が大好きなロシア人』(田中健之著/宝島社刊)には、心温まる日本人との触れ合いのエピソード、日本人への感謝の言葉や率直な進言などが満載で、示唆に富んでいる。

そのなかでインタビュアーである著者は、亡命ロシア人で日本プロ野球界で通算三〇三勝をあげたヴィクトル・スタルヒン投手の娘ナターシャさんの「ただ父は野球人である前に、日本人であることを望んだ。どうしても日本人になりたかった。しかし、死ぬまで父の国籍の欄は空白のまま、〝日本〟という文字はついに書き込まれることはなかった」という言葉を紹介。ちなみにスタルヒン投手は、日ソ軍事衝突を機に「須田博」と改名している。

また「生まれ変わったら日本人になりたい」といい切るのは、主婦兼幼稚園非常勤講師の田中イリーナさん。その理由に、日本人は子どもを大事にして可愛がることをあげている。二月の節分、三月のお雛さま、四月のお花見、五月の鯉のぼり、七月の七夕、花火や盆踊りなど、四季折々の年中行事が素晴らしい。また日本全国どこに行ってもそれぞれ自然豊かで美しく、海の幸・山の幸に恵まれ、全国に温泉保養地があるのも最高だという。

このほか島倉千代子や吉幾三の演歌が好きという、在新潟ロシア連邦総領事館元副領事のゲオルギー・ブレリーフスキーさんは、「ロシア人の多くは、日本人を尊敬している。……日本には資源がないでしょう。そんなに資源がなくても生活水準が世界でもトップレベルで立派にやっていける。羨(うらや)ましい。尊敬しなくてはいけないね」と語る。その一方で、日本人にもロシアに興味や関心をもって欲しいと訴える。なぜならロシア人を知ることで、日本人がロシアに対して抱いている無用な脅威がなくなるというのだ。

同書では、東日本大震災を機に在日ロシア人が日本の被災地をサポートするボランティア活動の模様も報告されている。マトリョーシカの絵付け師のゴロヴェンコ・マリナさんは、来日して一一年。震災後、一旦生まれ故郷のカムチャッカ半島に帰国するが、その後友人たちを心配して再び来日。フェイスブックで呼びかけて被災した地域に物資を運び、ボランティア団体『はっぴろしき』（ハッピーとピロシキを併せた造語）を設立。いつしか物資だけでなく、音楽やダンスも披露するユニークな活動が喜ばれるようになった。

その一方で、マリナさんは壊れた家にとどまって不自由な生活をしている人たちが、逆に自分におにぎりや水を差し出してくれる姿に胸を打たれたという。彼女は、「それが民族的な特徴かどうかはわからないですが、日本人は立ち直ることが早い。日本人の場合はトラブルがあればあるほど強くなるんですね。関東大震災をはじめ戦争、原爆、阪神・淡路大震災、それに今回の東日本大震災。まるで不死鳥のように日本はゼロから蘇(よみがえ)っていますよね。……日本に来てから、色々な意味で、気配り、お互いさま、周りを大事にすることを学びました。日本が私を成長させてくれたと思います」とも語っている。

監視なしでも黙々と働く日本兵を鑑(かがみ)とし、
大統領になったカリモフ氏

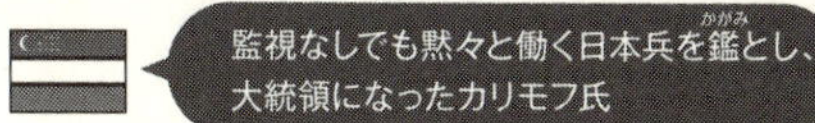

ウズベキスタン

第二次大戦直後、65万人の日本兵がソ連の捕虜となった。
うち約500人が首都タシケントに移送され、ナヴォイ劇場の建設を強いられた
過酷な環境の下、寒さと飢えに耐えながらまじめに働く日本兵の姿を見て、
ウズベキスタン人は感動と尊敬の念を抱いた。
1966年、マグニチュード5.5の大地震がタシケントを襲ったとき、
廃墟のなかに燦然と輝くナヴォイ劇場が堂々と立っていた。

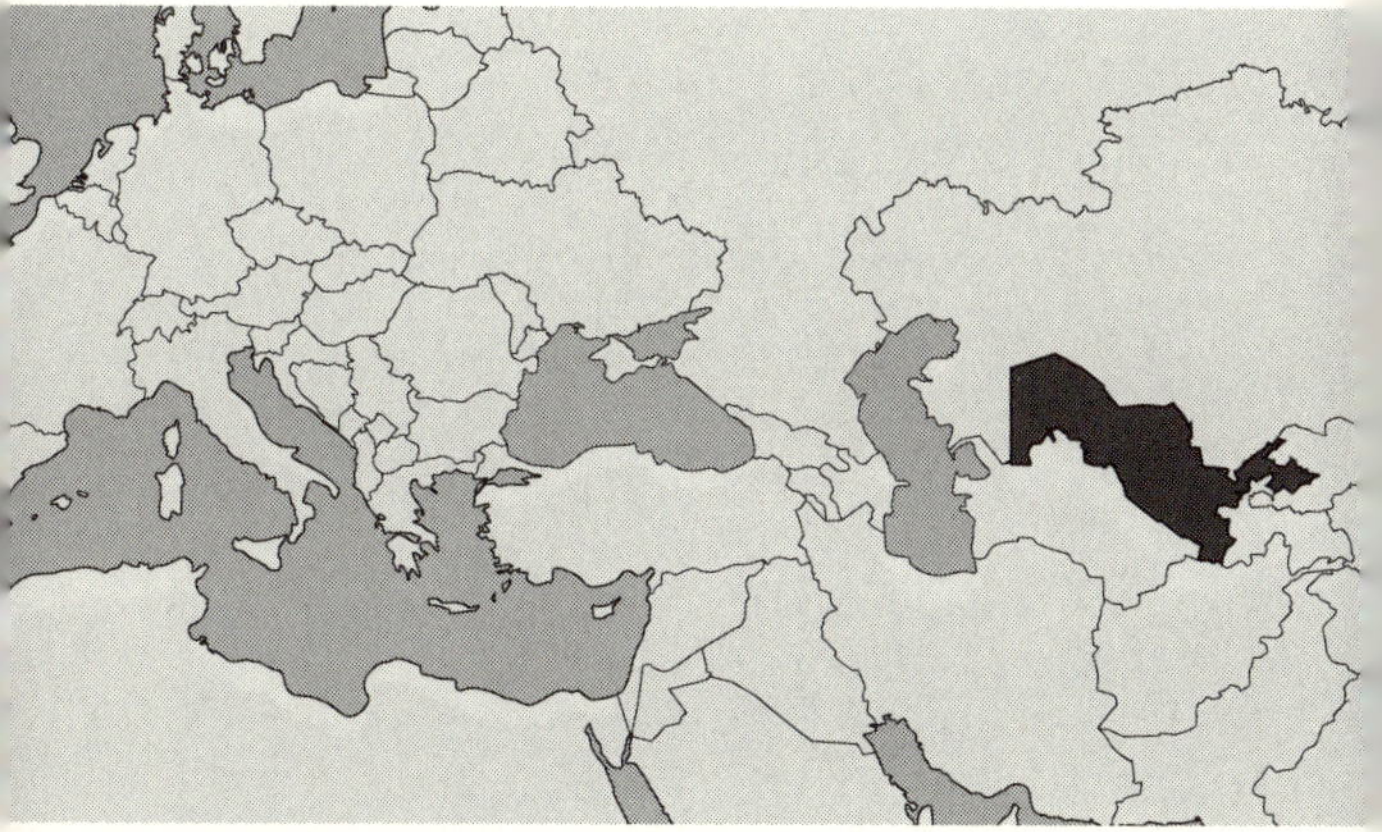

- ▶ **正式名称** ウズベキスタン共和国〈Republic of Uzbekistan〉
- ▶ **首　　都** タシケント
- ▶ **人口［順位］** 2919.9万人［46位］
- ▶ **面積［順位］** 447,400km²［57位］
- ▶ **通　　貨** スム
- ▶ **主な言語** ウズベク語
- ▶ **世界遺産** イチャン・カラ、サマルカンド - 文化交差路　など

日本人とよく似たシルクロードの民

世界でもウズベキスタン人ほど日本人を好きな民族はあまり見かけない。ウズベキスタンが旧ソ連に属していた当時は、かろうじてヨーロッパの一員としての意識があった。しかし、一九九一年の独立以降、長期大統領職を務めるカリモフ氏は日本の明治維新や第二次大戦後の復興を見習えと、音頭をとってきた。

近年、首都タシケントから青いタイルの丸屋根のモスクが立ち並ぶ〝青の都〟サマルカンド、ユネスコ世界文化遺産の街ブハラ、さらに砂漠を西に五〇〇キロ行ったヒヴァの四都市をめぐるシルクロードの旅が、年配の日本人ツーリストに受けている。

とはいえ、ウズベキスタンが世界地図上でどこにあるか指し示せる人はあまりいない。大ざっぱにいうと、中国とカスピ海の間に位置し、周囲をカザフスタン、タジキスタン、アフガニスタンといった国々に囲まれている。ちなみに〇〇スタンとは、ペルシャ語由来の地名接尾辞で「〜の国」を表し、ウズベキスタンとはウズベク人の国という意味になる。

この国から海に出るには二度国境を越えなければならない。こういった「二重内陸国」は、世界にたったふたつだけしかない。日本の一・二倍ほどの国土は、四分の三が砂漠とステップ（草原）に覆われ、人口は中央アジア最大の約二九〇〇万人。

ウズベク系（七八・四パーセント）、タジク系（四・八パーセント）、ロシア系

（四・六パーセント）、タタール系（一・二パーセント）をはじめとする一二〇を超える多民族国家で、全体の九〇パーセント以上がイスラム教徒だ。

しかし、半世紀以上にわたって宗教否定の共産主義下にあったため、イスラム教徒でも酒は飲むし、祈りも捧げず、コーランも読まない。女性は髪をスカーフで覆うことも足を隠すこともしない。イスラム原理主義者には、とても認められないムスリムかもしれない。

コーカソイド（白人）とモンゴロイド（黄色人種）が入り交じったウズベク人の外観は、少し肌は浅黒いがどことなく日本人と似た顔つきをしている。

「その昔、肉が好きな人々がウズベキスタンに残り、魚の好きな人々が日本に行った」という話がまことしやかに囁かれている。事実、生まれてくる赤ちゃんには蒙古斑が出たり、生活も古き良き時代の日本にあった三世代同居の大家族主義で、一族の長が絶大な権利をもつ反面、過大な義務を背負っている。

まだ自由化していない旧ソ連時代にウズベキスタンを旅したときは、伝統の喫茶店チャイハナにすっかりはまってしまった。ロシア語もましてやウズベク語もわからなかったが、身振り手振りでイスラム帽の老人たちと心を通わせた。

緑茶を飲む習慣もそうだが、さすがに畳はないが絨毯の上に敷布団と掛布団を敷いて寝るところや、コタツに入って家族団らんで過ごすのも日本人と共通している。自らを羊の民にたとえる人々だが、性格も日本人のように温厚で直接表現を避けるのは、他の中央アジアの国々が遊牧民なのに対し、ウズベク人のルーツはトルコ系の農耕民族だったからかもしれない。他方、シルクロード貿易の要衝（ようしょう）の民はギブ＆テイクの商才をもった人々でもある。

また、かつて日本がそうだったように「客人は父親以上に丁寧にもてなせ」という格言がある。タシケントのホテルですれ違っただけのモハメドさんは、「日本人ですか？　いっしょに写真を撮ってください」と私を呼び止めた。

一枚だけならと思って記念写真に収まったが、「日本人は友人です。私は日本人を尊敬しています」といって、自分の身分証明書をホテルのフロントに預けてまで観光ガイドを買ってでた。最後に案内されたのは彼の自宅で、珍客に驚いた奥さんはありったけの食べ物を並べて、笑顔でもてなしてくれたのだった。

信頼と尊敬を勝ち取った日本人捕虜

当時はウズベキスタンの人々がどうしてそこまで日本人に親切にしてくれるのかわからなかった。理由を知ったのは、だいぶ経（た）ってから「日経新聞」の投書（二〇〇一年九月二六日付）を読んだときのことだ。

同年八月、タシケントの真ん中にあるナヴォイ劇場で團伊玖磨（だんいくま）氏作曲の『夕鶴』が上演された。手記を書いたのは、終戦直後の一九四五年一〇月にソ連の捕虜として強制労働を強いられ、ナヴォイ劇場を完成させた当時二〇代前半の永田行夫陸軍技術大尉で、このときすでに八〇歳になっていた。

終戦後、ポツダム宣言は海外にいた兵士が日本へ帰国することを保障したが、これに反してスターリンは五〇万の日本兵を捕虜収容所（ラーゲリ）に移送し、自国のインフラ整備のために強制労働させる命令を下した。現在、捕虜は六五万人というのが定説だが、実際にはソ連の占領下にあった約一〇七万人がシベリアや中央アジア、カフカス地方、モンゴルなどの過酷な状況下で強制労働させられ、約三四万人が命を落としたという見解もある。

この悲惨な歴史に対して、一九九三年一〇月に訪日した故エリツィン大統領は、シベリア抑留時の非人間的な行為に対して正式に謝罪を表明したのだった。

当時、永田氏は二四〇人（のちに四五〇人に増員）の第四ラーゲリの隊長としてタシケントに移送され、ナヴォイ劇場の建設にあたった。大半が二〇代前半の隊員は日本軍で飛行機の修理をしており、エンジン、機械、電気、計量器、配管、板金、溶接のプロ集団だった。

抑留生活中は早朝六時に起きて、午前中は八時から一二時まで、一時間の休憩をはさんで午後五時まで働いた。仕事内容は、測量、土木作業、レンガ積み、鉄工、電気溶接、大工、左官、彫刻など様々だった。

食事は常に不足していて、みんな栄養失調で歩くのがやっとという状態だった。しかも不衛生ゆえ南京虫に悩まされ、月に一度だけ許されるシャワーは、石鹸を流し終える前にお湯が止まってしまうこともしばしばあったという。

そんななか、日本兵は「生きて日本へ帰って、もう一度桜を見よう」と互いに励まし合った。そのため辛い抑留生活を価値的に過ごすための工夫も行った。たとえば、作業場の床板から麻雀パイ、将棋、碁石を器用に作って、夕食後から消灯までの自由な時間に楽しんだ。

また収容所に本職の役者がいたことから、みんなで「国定忠治」や「婦系図」などの芝居を演じた。舞台、幕、衣装、それに楽器まで手作りする気の入れようだった。日本兵の芝居をソ連軍の将校までもが喜んで見物したという。

シベリアはあまりにも自然環境が厳しかったため、寒さと飢えで日本人捕虜はバタバタ倒れていったが、タシケントではウズベク人の容貌が日本人と似ていることもあり、人種差別もなく良好な関係だったと書かれてあった。

この手記にはないが、ウズベキスタンに移送された抑留者は約二万五〇〇〇人で、ナヴォイ劇場のほか、道路、工場、発電所、運河、炭鉱、学校などの建設に従事し、合計八一三人が事故や病気で亡くなった。ナヴォイ劇場の建設中にも七九人が死亡と

1945年から1946年にかけて
極東から強制移送された
数百名の日本国民が、
このアリシェル・ナヴォイー名称劇場の
建設に参加し、その完成に貢献した。

いう記録がある。

そうして予定では三年かかるはずのナヴォイ劇場は二年で完成された。収容人数一四〇〇人、舞台面積五四〇㎡の見事なビザンチン様式のオペラハウスだ。

その後、半世紀以上が過ぎて「夕鶴」を観るため現地を訪れた永田氏は、劇場が完成したときに庭に植えたポプラの大木を仰ぎ、この木が枯れぬよういつまでも友好が続いてほしいと願って筆をおいた。

またウズベキスタンの抑留兵については、二〇一三年五月一三日の参議院予算委員会でも取りあげられた。中山恭子議員が「中央アジアの国々での日本人の動きについてお話しいただきたい」と、麻生太郎副総理に水を向けたものだ。

演壇に立った麻生氏は、一九九七年に日本の閣僚としてはじめてウズベキスタンを訪問し、カリモフ大統領と面談したと切り出した。麻生氏によれば、子どもの頃、カリモフ氏は毎週末に日本人捕虜収容所へ連れて行かれ、その都度母親から同じ言葉を聞かされたという。

「せがれ、ご覧、あの日本人の兵隊さんを。ロシアの兵隊が見ていなくても働く。他人が見なくても働く。お前も大きくなったら、必ず他人が見なくても働くような人間になれ。お陰で母親の言いつけを守って、今日俺は大統領になれた」と麻生氏はカリモフ大統領の言葉を紹介した。

またこの答弁にはないが、ウズベキスタン中央銀行副総裁のアブドマナポフ氏も、子どもの頃に何度となく収容所を訪ねたひとりだった。庭になった果物を疲れ切った日本人捕虜に差し入れすると、数日後、同じ場所に手作りのおもちゃが置かれてあった。子どもの恩に報いる日本兵の行いは、地元の人々の道徳的規範として語り継がれたという。

さらに麻生氏は「ナヴォイ劇場はその捕虜が建てたものですけれども、これはウズベキスタンの大地震のときに、このナヴォイ劇場だけが倒壊しないで残った。従って、そこには『日本人捕虜』と書かず『日本国民』と書き直されて、我々は捕虜にした覚えはないので、日本国民によって建ててもらったということが書いてある……」とも語っている。

この大地震とは、一九六六年四月二六日にタシケントを襲ったマグニチュード五・五の大地震のことを指している。このとき市内の三分の二の建物が倒壊したが、ナヴォイ劇場はビクともしなかった。市民は廃墟のなかに威風堂々と立つ劇場を見あげて、ますます日本人への信頼と畏敬の念を深めたのだった。

一九九六年、カリモフ大統領は日本人抑留兵の功績を称えてナヴォイ劇場に、ウズベク語・日本語・英語で書かれた銘板を掲げた。「一九四五年から四六年にかけて極東から強制移住させられた数百人の日本人がこの劇場の建設に従事し、その完成に貢献した」と。プレートの製作にあたって、大統領は「決して『捕虜』と書いてはいけない」と厳命したという。

戦後、ソ連政府は日本兵捕虜をインフラ整備に使ったことを隠ぺいするため、現地で亡くなった日本兵の墓地を更地にするよう地元政府に促した。しかし、ウズベキスタンの人々はその命令に従わず墓地を守り通した。

後日、中山特命全権大使が日本人墓地の整備を申し出たとき、スルタノフ首相は「日本との友好関係の証としてウズベキスタン政府が責任をもって行う。これまでできなかったことが恥ずかしい」と返答してきた。さらにタシケント市長は建設中の公園を日本の桜で荘厳にできないものかと提案。現在、ここは市民から「桜公園」と呼び親しまれている。

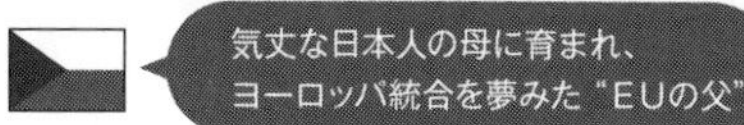

気丈な日本人の母に育まれ、
ヨーロッパ統合を夢みた“EUの父”

チェコ共和国

欧化主義で華やぐ鹿鳴館時代がやや過ぎた頃、
日本に赴任していたボヘミアのカレルギー伯爵は骨董屋の娘・
青山光子と結婚。だが早々に伯爵は他界し、女手ひとつで7人の子どもを
育てあげる。やがて次男の栄次郎は、〝EUの父″となった。
また東京五輪で金メダルを３つ獲得し、
女子体操の花と輝いたチャスラフスカが迫害の人生を乗りきれたのは、
日本人のおもてなしの心にあった。

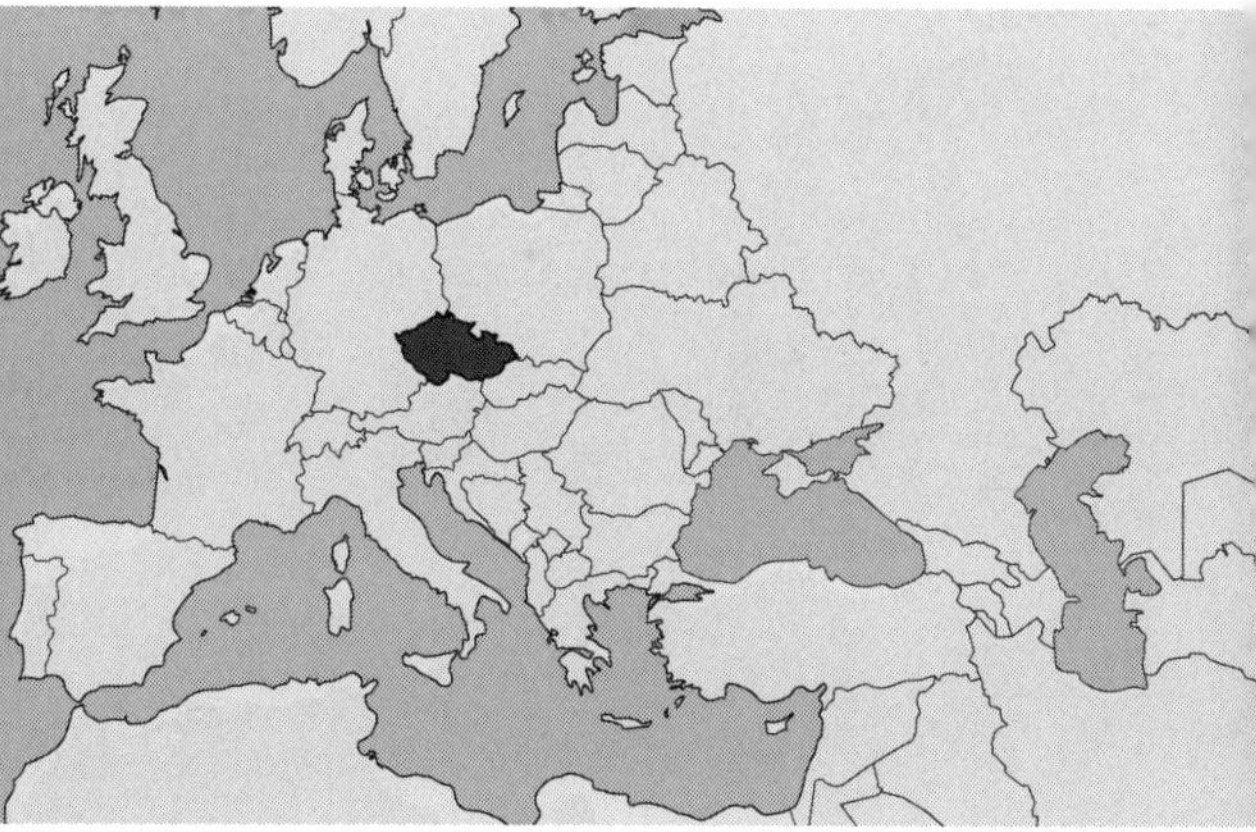

- ▶ **正式名称** チェコ共和国〈Czech Republic〉
- ▶ **首　　都** プラハ
- ▶ **人口[順位]** 1064.4 万人 [85 位]
- ▶ **面積[順位]** 78,867km^2[116 位]
- ▶ **通　　貨** チェコ=コルナ
- ▶ **主な言語** チェコ語
- ▶ **世界遺産** プラハ歴史地区、トシェビーチのユダヤ人街と聖プロコピウス聖堂　など

チャスラフスカに希望を与えた日本のおもてなし

先住民族のボイイ族に由来しボヘミアと呼ばれてきたチェコ共和国は、一九九三年にスロバキアと〝ビロード離婚〟した新しい国だ。北海道ほどの小国ながら、〝百塔の街〟プラハを築いた神聖ローマ皇帝カール四世や宗教革命家のヤン・フス。作家では『変身』のフランツ・カフカや『ロボット（R.U.R.）』のカレル・チャペック。作曲家では交響詩『我が祖国〜モルダウ』のベドジフ・スメタナや『新世界』のアントニン・ドヴォルザーク。これにアール・ヌーヴォー画家のアルフォンス・ムハ（ミュシャ）は日本人にもお馴染(なじ)みだ。

だが、チェコ（チェコスロバキア）と聞いて、シルバー世代がまっ先に思い出すのは、なんといっても女子体操で一世を風靡(ふうび)したベラ・チャスラフスカだろう。

時は、白黒テレビ・冷蔵庫・洗濯機の〝家電三種の神器〟が登場する高度成長のはじまり。一九六四年に東京オリンピックが開催され、女子体操のチャスラフスカ選手は平均台・跳馬・個人総合と三つの金メダルをとる活躍で、「女子体操の花」「東京の花」と謳(うた)われ、チェコスロバキアを団体銀メダルに導いた。

東京オリンピックで日本中をすっかり虜(とりこ)にしたことで、全国から扇子(せんす)や浴衣などのプレゼントが殺到し、帰国の際にはトラック一台分にもなったという。彼女は日本人の真心に感謝し、当時母国では珍しいキレイな包装紙まで大切に保管していたという。

二〇一三年に行われた日本経済新聞のインタビューで、チャスラフスカさんは半世紀を過ぎても心に焼きついている日本についてこう語った。

「東京五輪はすべてが準備されていたのが印象深い。練習や競技のスケジュールは正確で、会場への移動もスムーズでした。まるで時計のようだった。他の国ではこうはいかなかったでしょう。おかげでストレスを感じることなく演技に集中できました」と日本人の勤勉さ、時間の正確さ、細かな配慮を美点としてあげた。

また、「ウルトラCに挑戦すると、会場が固唾をのんで見守り、失敗しても温かい拍手をくれました。こちらも何とか観客を喜ばせたいと自然に気合が入ったのを覚えています」と、観戦する人々の雰囲気が良く、観客と一体になれたことを思い出す。

だが、その後、世界を魅了した〝チェコスロバキアの国宝〟に、権力が襲いかかる。四年後のメキシコオリンピックが開催された一九六八年は、ソ連の戦車が「プラハの春」と呼ばれる民主化運動を蹂躙する事件が起きた年でもある。

そのとき民主化を支持する「二〇〇〇語宣言」に署名し、圧力をかけられても撤回しなかったチャスラフスカ選手は、オリンピック出場も危ぶまれた。やっと出場許可を得た大会で、民主化への思いを演技にたくして金メダルに輝くが、その後公職から締め出されてしまう。

しかし、チャスラフスカさんは約三〇年の歳月を経て、ビロード革命をリードした

1964
TOKYO

ハベル大統領の顧問として表舞台に復帰した。彼女が政府の圧迫に屈せず信念を貫けたのは、東京オリンピックが勇気を与えてくれたからだともいう。くじけそうになったとき、日本人からもらった「家宝の日本刀」を眺めた。「その気持ちに応えたいと、耐える力をもらった」のだと語る。

チャスラフスカさんが親日家となり、長い冬を乗り越えて再び春を迎えたのは、五〇年前の日本人の「お・も・て・な・し」にあったといえなくもない。

日本女性のミツコが〝ヨーロッパ統合の母〟

一九世紀末、華やかな鹿鳴館時代が過ぎ、日清戦争へと向かうある冬の寒い日。颯爽と馬にまたがる碧眼の若者は凍った路上で落馬し、店から飛び出して介抱してくれた乙女に一目惚れする。そんなファーストシーンではじまる恋物語の主人公は、骨董屋の娘青山光子とオーストリア＝ハンガリー帝国の駐日代理大使ハインリッヒ・クーデンホーフ＝カレルギー伯爵だ。

一八九二年（明治二五）クーデンホーフ伯爵が日本に赴任して間もなく、ミツコは屋敷に奉公にあがり、離任までの二年間をミツコと新居で暮らし、ふたりの男の子を授かる。任務を終えて帰国する際、ふたりはそれぞれ反対する家族を説きふせて国際結婚第一号となる。

遠く離れた異国の伯爵家に嫁ぐミツコは、代理公使夫人として謁見した皇后陛下（のちの昭憲皇太后）から「遠い異国に住もうともなれば、いろいろ楽しいこともあろうが又随分と悲しいこととつらいこともあろう。しかしどんな場合にも日本人の誇りを忘れないように」という言葉と、そのとき賜わった象牙の扇を大切にして人生の荒波を生き切った。

ミツコはボヘミアの森に近いロンスペルク城で、夫に守られ七人の子どもに恵まれて幸福に暮らしていたが、わずか一〇年後に夫が心臓発作で急逝。最愛の夫の死を前に、自殺することも頭をかすめたが、〝日本人の誇り〟にかけて生きぬく決心をする。三一歳の若いミツコの双肩には、一二歳を頭に二歳半までの四男三女の子どもの教育と伯爵家のきりもりが重くのしかかった。アジア人で身分違いのミツコに親戚は冷たかったが、相続争いの末、夫の遺言通りにミツコが伯爵家を引き継ぐことになった。

クーデンホーフ家は、かつて現オランダ南部の北ブラバンド地方の貴族だったが、一八世紀末にオランダ革命戦争が起きると、君主に従って南ドイツに移ったとされる。次男リヒャルト・クーデンホーフ＝カレルギー伯の自伝によれば、クーデンホーフ＝カレルギー家は〝ボヘミアの副王〟として、土地の宗教行事を司ったとある。ただ、伯爵家については記録が乏しく、その地方の大地主だったたという説もある。

日本名を栄次郎というリヒャルト氏は、幼い頃、日本の祖父母から年に数回大きな木箱で贈り物が届き、日本人形や鯉（こい）のぼり、オモチャ、絵本などで兄弟といっしょに遊んだものだった。ただ父親は子どもたちをヨーロッパ人として育てる教育方針のもと、ミツコとクーデンホーフは日本語で会話しても、父親は子どもたちとドイツ語、母親は英語で会話するのが決まりだった。

　父親のハインリッヒは、日本語・アラビア語・ヘブライ語など一六カ国語をあやつり、哲学や国際関係に通じるコスモポリタンだった。日本文化を愛し賛美した父親について、「父は当時から日本を高く評価しており、早くから日本がシナを負かすであろうことや、日英同盟の成立、および日露戦争の勃発、そして日本の対露勝利などを予想しているのに驚く」と記している。

　ヨーロッパ人の父と日本人の母に育てられたリヒャルト・クーデンホーフ＝カレルギー伯は、やがて汎ヨーロッパ主義をかかげ、ＥＵの前身ＥＥＣ（ヨーロッパ経済共同体）を創設。のちに〝ＥＵの父〟と称えられる彼は、ハンフリー・ボガード演ずる不朽の名作『カサブランカ』で、ナチスに追われてアメリカへ亡命する映画の主人公のモデルになった。

　日本に生まれ、二歳まで日本で育ったカレルギー伯は、自らの汎ヨーロッパ主義について、「母が日本人という背景がなければ持ちえなかった」と述懐している。そのため、彼の思想がヨーロッパで発表されると、欧米の新聞は日本人の母にも注目し、ミツコこそが〝汎ヨーロッパの母〟ともてはやした。

最後に、再び日本の土を踏むことなく、祖国を思いながら生涯を終えたミツコの晩年の句を紹介したい。

年ふれど　色はかわらじ　ときわ樹の　思いはいつも　故国(ふるさと)のこと

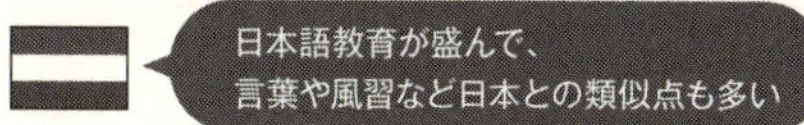

ハンガリー

その昔、「ハンガリー人と日本人は兄弟だった」と
親しみをこめていうハンガリー人は数多い。
近年、小学校や中学校でも日本語の授業が行われるようになり、
日本語は英語・ドイツ語に次ぐ人気の外国語になりつつある。
またハンガリー語には日本語とよく似た単語があり、
フルネームも苗字が先で名前が後。たくさん温泉があり、
日本と類似の祭りや昔話もある。

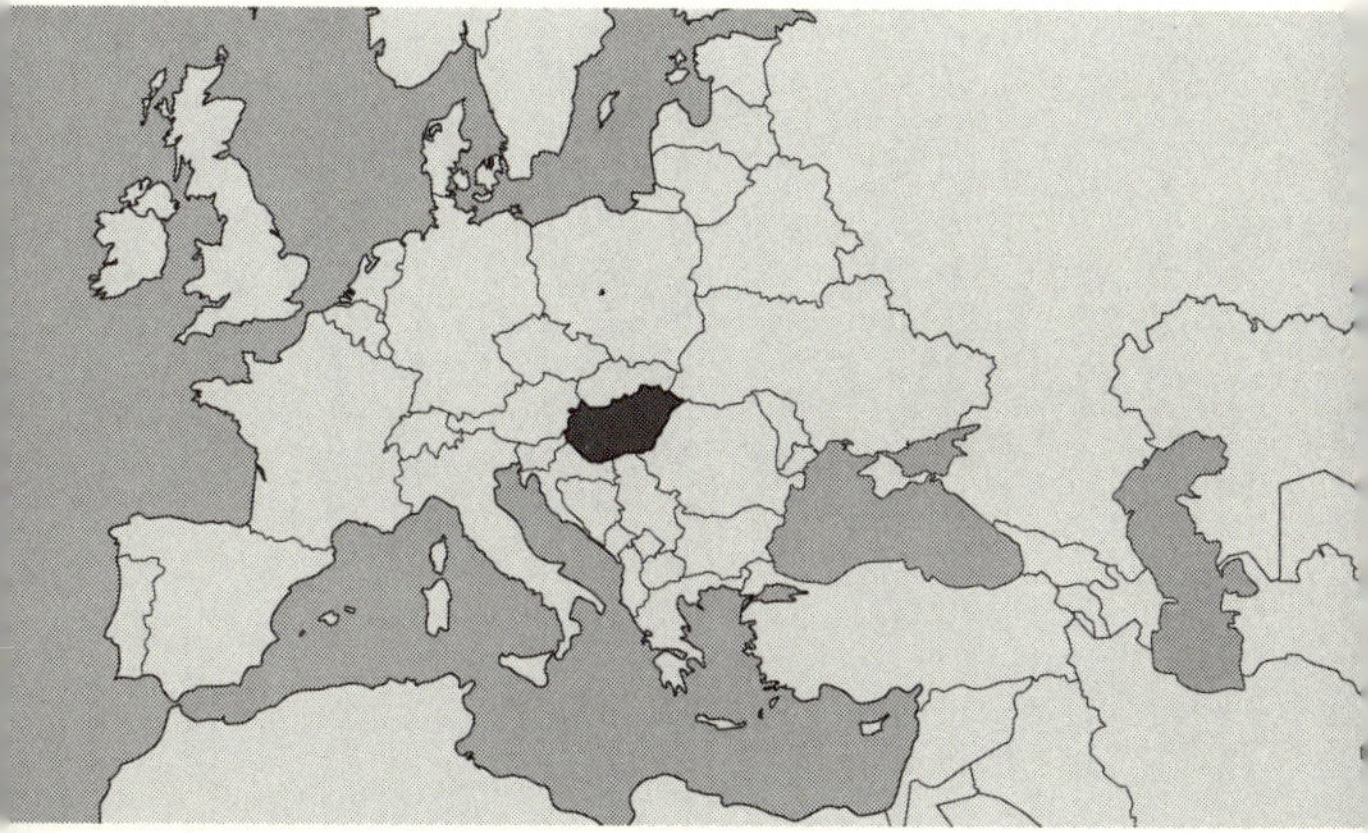

- ▶ 正式名称　ハンガリー共和国〈Hungary〉
- ▶ 首　　都　ブダペスト
- ▶ 人口［順位］　989.7万人［90位］
- ▶ 面積［順位］　93,028km²［110位］
- ▶ 通　　貨　フォリント
- ▶ 主な言語　ハンガリー語
- ▶ 世界遺産　ブダペストのドナウ河岸とブダ城地区及びアンドラーシ通り、トカイのワイン産地の歴史的文化的景観　など

その昔兄弟だった？　ハンガリー人と日本人

「ハンガリーはヨーロッパに投げられたアジアの石」。

アジアの騎馬民族をルーツとするハンガリー人（マジャール人）は、ヨーロッパでそんな風にいわれる。当のハンガリー人もそれをわきまえていて「その昔モンゴルの大平原に暮らしていて、東に行ったのが日本人、西に来たのがハンガリー人。私たちは兄弟です」と、日本人に親しみをこめていう。

そうはいっても色白で彫が深く八等身のハンガリー人が、かつて同じアジア人だったとはとても思えない。反面、家族の絆が強く忍耐強いアジア人気質は受け継がれ、ゲルマン人とスラヴ人に囲まれて窮屈な思いをしながらヨーロッパに定住した。そんな孤立した環境から、周辺諸国とコミュニケーションするために語学の才を磨いてきたのだろう。

外国語に堪能なハンガリー人は、第二次大戦以前の早い頃から日本語教育を開始した。戦争で一時途切れてしまいポーランドや周辺諸国に遅れをとったが、最近は再び学習意欲が盛んだ。国際交流基金によれば、一九九〇年には三二八名だった日本語受講者が日本語学習ブームの影響で、二〇一二年には二八機関一五五四名に増加。二〇一三年には小学校（三校）と中学校（一一校）でも、選択必須科目または自由科目として日本語授業が行われるようになった。現在、日本語は英語・ドイツ語に次ぐ人気の外国語になりつつある。ハンガリーのような観光国で、イタリア語・フランス語・ロシア語をしのいでいるということは、日本人気を示すひとつのバロメーターでもある。

近年、JICA(国際協力機構)からは日本語教師が派遣され、国際交流基金・日本文化センターでは、毎年日本語検定試験やスピーチコンテストなどを行っている。そんな日本からの日本語学習支援も功を奏して、ハンガリーでは大学の日本語学科の学生でもないのに、日本語が驚くほど上手(うま)い人を見かける。もともと複雑な音声から成る自国の言語をあやつるハンガリー人は、アクセントや訛りのないとても美しい日本語を話し、近頃の乱れた言葉を話す日本人がお手本にしたいくらいだ。

余談ではあるが、ハンガリー語には日本語と似た単語があるのにビックリする。ハンガリー語で帯は「オブ」、白鳥は「ハッチュー」、良いは「ヨー」、塩は「ショー」という。ちなみに塩味が足りないことを「ショータラン」というのは嘘のような本当の話だ。

日本とよく似たハンガリーの説話

言葉のほかにも、ハンガリーと日本の共通点は少なくない。たとえば人の名前は、欧米ではファーストネームの後にファミリーネームが続くが、ハンガリーは日本と同じで苗字(みょうじ)が先にくる。赤ちゃんに蒙古斑(もうこはん)が出るのも同じだし、また南のモハーチという町には毎年二月に鬼のお面をかぶった白い毛皮装束の男たちが村を練り歩く、秋田のなまはげに似たブジョー祭りがある。

しかも両国民とも大の温泉好きときている。ハンガリーの国土は一面どこまでも平原が続き、火山は見あたらないのに温泉が豊富だ。首都のブダペストには一〇〇を超える源泉があり、オスマン帝国が支配した時代のトルコ式風呂も残っている。外観は宮殿のように見えるセーチェニの公衆浴場は、一日中地元の庶民でにぎわい、温泉プールでチェスに興じる市民の姿は風物詩にもなっている。

もうひとつハンガリーと日本には、とてもよく似た昔話や説話がある。天下の副将軍が民を助けるテレビドラマ『水戸黄門』は、ハンガリーを建国したイシュトヴァーン王が全国を回って弱きを助け強きをくじく冒険譚に似ていると、日本に住んだことのあるハンガリー人の友人が教えてくれた。

また、ハンガリー版『ねずみの嫁入り』は日本の話とほとんど同じだ。ほかにも、だんごの名前を唱えながら家に帰る途中で小川の橋をどっこいしょと越えた途端、どっこいしょに変わってしまうという『だんご　どっこいしょ』とそっくりの昔話もある。この『ティベレ』という話は、「ティベレ・スープを食べたい」と願う夫が、名前を忘れてしまうという話だ。

日本語学習者の数が増えたお陰で、日本の昔話がハンガリー語で出版されるようになった。それで、ハンガリーの人々はその類似点を発見したり、より一層日本の風習や日本人のものの考え方にも触れることができるようになった。

最近では日本文学や俳句をたしなむハンガリー人も少なくないが、そのなかでユハース・ジュラは際立っている。二〇世紀初頭に活躍したハンガリーを代表する詩人で、花鳥風月を愛でる作品を残した。日本の短歌や俳句に影響を受け、「Japánosan（日本風）」というタイトルの詩を創作している。作品のなかには不幸の連続で打ちひしがれた詩人が、季節の草花を題材に失恋や悲運に心を震わせたり、「富士山のようにまっ白い髪」などと日本のシンボルを詠うものまで見られる。

ハンガリー人が思い描く遠くの日本文化

ハンガリーで暮らしていたとき、何度か日本文化の紹介イベントに参加したことがあった。折り紙や生け花のデモンストレーションや、日本の扇・手ぬぐい・茶筒・のれん・日本人形・おもちゃ・着物などの展示に、ハンガリーの人たちは不思議なものを見るかのように熱心に見入っていた。

というのは、それより前の共産主義時代にあった日本レストランでは、おにぎりにケチャップをかけた「ＳＵＳＨＩ」という名の信じられないようなメニューがあったくらい日本は遠い国で、日本の情報もあまり入らなかった。

そんな国でひょんなことからオファーがあり、一度だけ子ども向け教育テレビ番組に着物を着て日本人役で出演したことがあった。なぜかお客さんにカルピスを出す役で、「カルピスは何で作られているの?」とハンガリー人に質問され、「牛乳に水と酢と砂糖を混ぜて作る」と答える設定だった。

ディレクターに「カルピスは牛乳ではないし、酢も入れない」と説明して、台詞を変えてもらった。しかしカルピスのつくり方など説明できるわけもなく、「乳酸菌」というハンガリー語も知らなかったので、果たして本番で何と言ったかはよく覚えていない。逆に、当時「カルピス」というドリンクをどうやって知ったのか、そちらの方に興味が湧いた。ハンガリー人が制作する日本文化の紹介は、ちょっと目線が違うと驚かされたものだった。

それからだいぶ経(た)った二〇〇三年のことだ。ハンガリーの民放TV2が放映した「ミツコ つり上がった目で見た世界」という番組が大きな波紋を呼んだ。かつらに義歯をつけて日本人女性に扮(ふん)したレポーターが、日本語訛りのハンガリー語で有名人に突撃インタビューするドッキリ番組だったが、その後日本大使館をはじめ在ハンガリーの日本人社会からクレームがついて最終的に打ち切りとなった。

だが、醜(ひど)い日本人女性を演出した番組に腹を立てていたのは何も日本人に限らず、多くの親日のハンガリー人も心を痛めていたことをつけ加えておきたい。

歴史あるヨーグルトと伝統の相撲は、
東西を結ぶ友好の架け橋

ブルガリア

寡黙でシャイ、ちょっと暗めで思慮深いブルガリア人は、
「バルカン半島の日本人」といわれることもある。
しかし食文化は大きく異なり、入門当初の琴欧州は日本食に
馴染めずに苦労した。そこでちゃんこ鍋にヨーグルトを合わせるなど、
ブルガリア風にアレンジ。これが功を奏して、大関へと昇進。
日本人女性と結婚し、日本国籍を取得。
2014 年の引退会見では、相撲取りになった喜びを涙で語った。

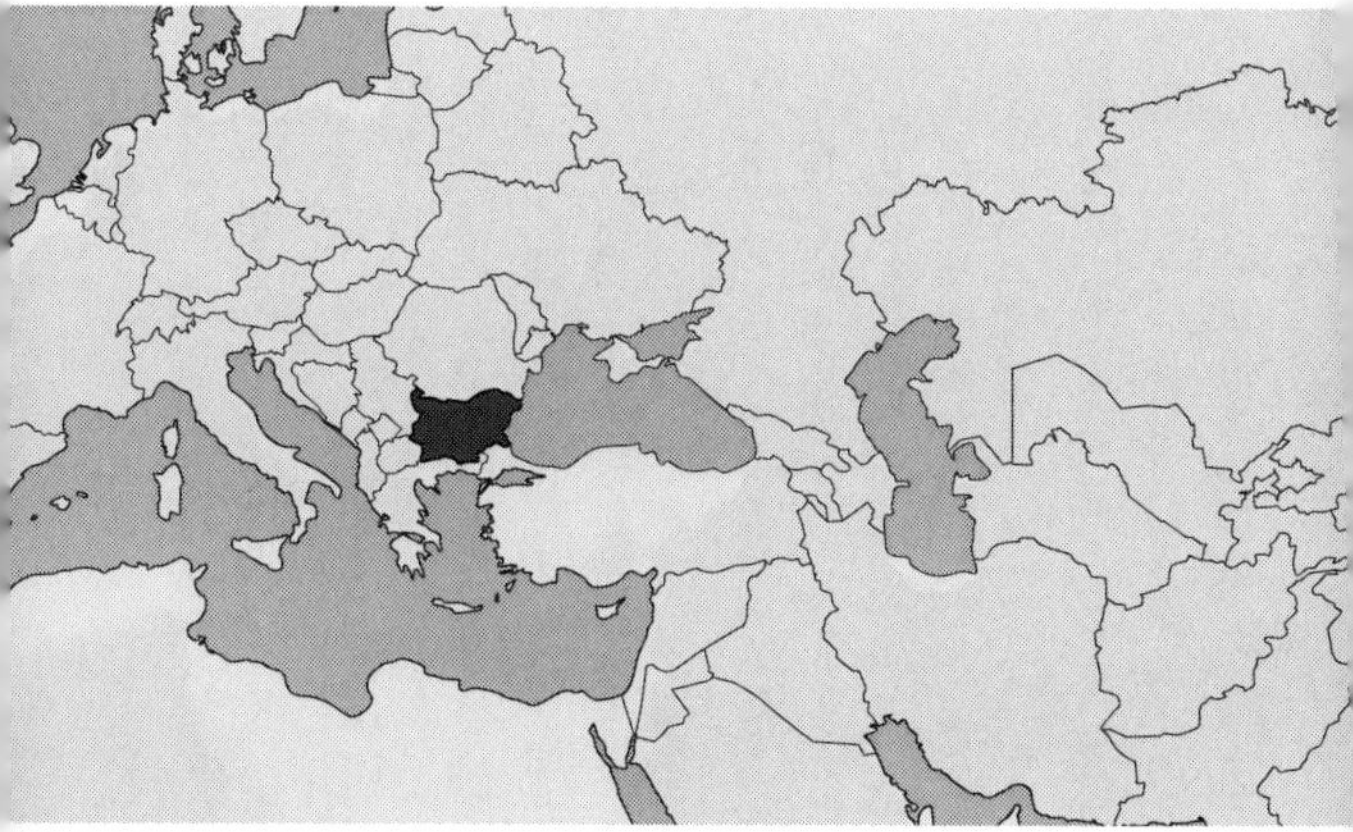

- ▶ 正式名称　ブルガリア共和国〈Republic of Bulgaria〉
- ▶ 首　　都　ソフィア
- ▶ 人口［順位］　718.6 万人［101 位］
- ▶ 面積［順位］　110,879km²［105 位］
- ▶ 通　　貨　レフ
- ▶ 主な言語　ブルガリア語
- ▶ 世界遺産　ボヤナ教会、スヴェシュタリのトラキア人の墳墓　など

日本人になった最初のヨーロッパ人力士

ブルガリアと聞いて最初に頭に浮かぶのは、ヨーグルトと琴欧洲だろうか。これはヨーグルトメーカーの明治乳業（現明治）が、現役時代に琴欧洲のスポンサーになっていたこともある。当時、マスコミから日本のヨーグルトの味を尋ねられた琴欧洲は、「ブルガリアのとは違うけど美味しい」とスポンサーを気遣った。

二〇〇六年春まで同社の紺色の化粧まわしを締めて土俵に上がっていたが、その後はEUから贈られた青地に黄色い一二の星が丸く描かれた化粧まわしに切り替えた。ゲンをかつぐ力士にとっては、一二の星というのはあまり縁起のいいものではなかったようなのだが。

さて、ブルガリアは七世紀後半に建国して以来、国名を一度も変えていないヨーロッパではただひとつの国だが、建国の歴史以上に古いのがヨーグルトの歴史だ。それについては諸説あるが、紀元前五〇〇〇年頃に東地中海からバルカン半島の一帯で、家畜として飼っていた羊や牛の乳のなかに偶然混入した乳酸菌が自然発酵したのが起源というのが主流だ。

旧約聖書にはアブラハムが三人の天使を発酵乳でもてなしたことや、預言者のモーゼが発酵乳はエホバの神から賜った最高の食品だといったという記述がある。また古代ギリシャの歴史家ヘロドトスによれば、ブルガリア最古の民族であるトラキア人が最初にヨーグルトをつくったという。さらに古代ローマの詩人ウエルギウスは、トラキア人がヨーグルトに馬の血を混ぜて飲んでいると書き記している。

その後、発酵技術はシルクロードを通って中央アジアへ。日本には六世紀半ばに中国から伝わったが、八世紀の奈良時代になると「酪」「酥(そ)」「醍醐(だいご)」と呼ばれる発酵物が宮廷の貴族たちに食されるようになった。このうち「酪」がヨーグルトに似たものだったと考えられている。

それから約五〇〇年が過ぎて、徳川吉宗が「酪」を復活させたとの記録があるが、一般の庶民に普及するのは文明開化以降の明治時代に入ってからのことだ。そして一九七〇年開催の大阪万博で、ブルガリア館のヨーグルトに目をつけたのが、先の明治乳業だった。

さて、さすがはヨーグルトの本家本元のブルガリアでは、ひとりあたりのヨーグルトの年間消費量は五〇キロ。かたや日本は七キロでしかない。ブルガリアではどうしてこんなにたくさんヨーグルトを消費するかというと、圧倒的にヨーグルトを使った料理が多いからだ。

ちなみにブルガリアで生まれ育った琴欧洲は、レスリングのヨーロッパ・ジュニアチャンピオンでオリンピックをめざしていたこともあったが、その当時は毎日二キロのヨーグルトを食べてトレーニングに励んでいたという。

しかし日本にやって来てからは、身長二〇二センチの恵まれた体格でも力士としてはスマートすぎてもっと体重を増やす必要があった。だが、入門当初はどうしてもごはんを食べることができなかったという。なぜなら、故郷では米はヨーグルトに混ぜてお菓子として食べるのが普通で、そのまま主食として食べる習慣はないからだ。食の進まない琴欧洲を見るに見かねて、親方がこっそり大きなパンを差し入れしてくれたこともあった。

しかし、さらに上位を狙うには太るしかない。彼は一念発起して、苦手なごはんに牛乳やチーズをかけてモリモリ食べた。本人が「ちゃんこ鍋とヨーグルトって意外と合うんです」というように、料理にも工夫をこらした。

そうした努力の甲斐あって、二〇〇五年の九月場所で関脇に昇進。翌場所は一一勝四敗の成績で殊勲賞と敢闘賞を受賞した。場所後、大相撲史上最速の入門からわずか一九場所で、大関昇進を果たした。そしてついに二〇〇八年の五月場所で、念願の初優勝を手にしたのだった。

ところで二〇世紀以降ヨーグルトが急速に世界に普及したのは、ロシアの微生物学者のメチニコフが、ブルガリアが長寿国なのはヨーグルトを食べているからだという「ヨーグルト不老長寿説」を唱えたことがきっかけだった。明治乳業では、博士の誕生日の五月一五日を「ヨーグルトの日」としているが、この日の琴欧洲の勝率は九割近いというから不思議だ。

「きのう　結婚式　しました　これから　も　けいこ　たくさん　して　うえ　めざして　がんばります」

二〇一二年二月一五日の琴欧洲のブログには、平仮名でこう書かれてあった。相手は三歳年上の元航空会社に勤務していた日本人女性。ふたりのなれそめは、来日してまだ日が浅い頃、通りの向こうから歩いてくる女性が気になって、彼の方から声をかけたのだという。

しかし、琴欧洲は誰かれかまわず気軽にナンパするようなイタリア人タイプではない。むしろ寡黙でシャイ、ちょっと暗めで思慮深い典型的なブルガリア人だ。そんなブルガリア人は「バルカン半島の日本人」などと形容されることもある。

なにしろラスベガスへ大相撲の巡業に行ったときは、カジノのスロットマシンで一〇ドルすったことでガッカリし、それから二度とギャンブルには手を出そうとしなくなった。相撲賭博（とばく）とは無縁の、清廉潔白の力士なのだ。しかも経済観念もしっかりしていて、勝った力士に与えられる懸賞金も貯金するという手堅さだった。

結婚後、琴欧洲は本名のカロヤン・ステファノフ・マハリャノフから、奥さんの姓をとって安藤カロヤンというまるで〝ゆるキャラ〟のような名前になった。相撲界のきまりでは、外国人力士が親方株を取得して部屋をもつには、日本人国籍であることが絶対条件とされているからだ。こうして琴欧洲は、ヨーロッパ人力士として最初の日本人となった。

結婚して男の子も生まれて弾みをつけたい琴欧洲だったが、右膝に爆弾を抱えるなど故障続きで休場が目立った。二〇一四年の春場所は、二日目からまさかの九連敗。一一日目には左肩の負傷で休場し、とうとう体力と気力の限界を理由に引退を表明。一二年の土俵生活に別れを告げた。最後は関脇だったが、大関としては史上四位の在位四七場所という輝かしい記録を打ち立てた。

二〇一四年三月二五日のブログには、次のように記されている。

「ありがとう　ございます
みなさん　いままで　ありがとう　ございました
かんしゃ　で　いっぱい　です
なんかい　も　けが　しても　がんばった　から　くい　ない　です
もう　からだ　きもち　げんかい
日本　に　きて　お相撲さん　なって　ほんとに　よかった
相撲　は　ぼく　の　人生　いままで　も　これから　も　です
親方　に　なって　だいすきな　日本　と　相撲　の　ため　がんばります
これから　も　よろしく　おねがいします」

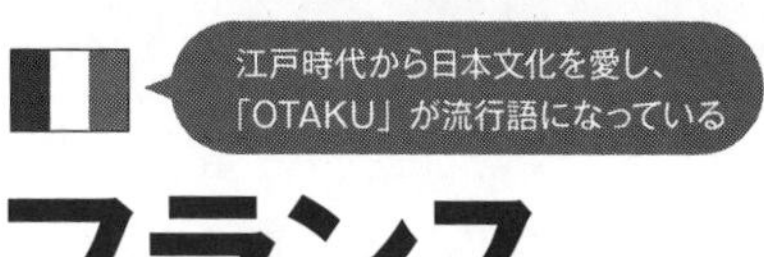

江戸時代から日本文化を愛し、
「OTAKU」が流行語になっている

フランス

19 世紀末、日本がパリ万博に出展した際、劇団・川上音二郎一座が脚光を浴び
すっかり〝時の人〟となった貞奴は、
ピカソのモデルを務めたり、ドビュッシーにインスピレーションを与えた。
もうひとりの日本人女性の花子はロダンのモデルとなり、
ジャポニスムの普及にひと役買った。
現在では、漫画・アニメ・TVゲームなどの「OTAKU」文化が、
新・ジャポニスムと呼ばれるようになった。

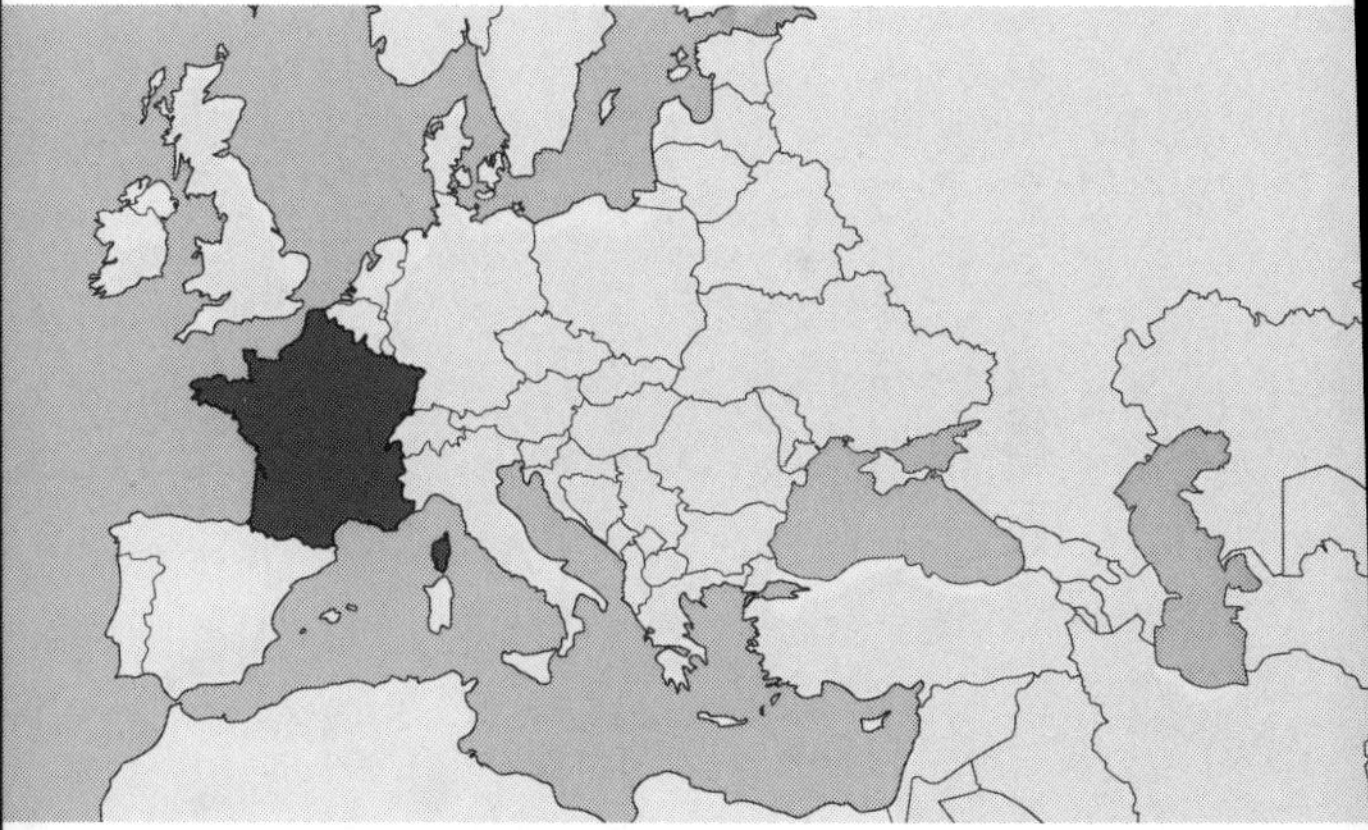

- ▶ 正式名称　フランス共和国〈French Republic〉
- ▶ 首　　都　パリ
- ▶ 人口［順位］　6655.3 万人 [22 位]
- ▶ 面積［順位］　643,801km²[43 位]
- ▶ 通　　貨　ユーロ
- ▶ 主な言語　フランス語
- ▶ 世界遺産　モン・サン・ミシェルとその湾、ヴェルサイユ宮殿と庭園、ブルゴーニュのブドウ畑のクリマ　など

大相撲に魅せられたシラク元大統領

世界には知日派、親日家と呼ばれる人は結構な数にのぼるが、シラク元大統領以上に日本を愛し、日本文化に造詣の深い人はあまり見かけない。訪日回数は五〇回を超え、そのうち四〇回以上がプライベートというから、それだけでも氏の親日家ぶりがうかがい知れるというものだ。

子どもの頃、パリのギメ美術館で東洋美術に触れたことから、次第に日本文化に魅了されていった。『万葉集』からはじまる古典文学、日本の建国神話、武勲譚（ぶくんたん）、近代小説、詩などを研究し、実際に『奥の細道』で松尾芭蕉が歩いた足跡をたどってみたりもしている。

このほか日本建築、日本庭園、温泉が大好きで、馴染み（なじみ）のある箱根の老舗旅館では障子のある畳の部屋に布団を敷き、楓（かえで）の木でできた浴槽につかり、心身ともに英気を養った。懐石料理はいうまでもなく、鉄板焼きが大好物。あるとき日本の政治家が手土産にくれた鹿児島産の焼酎『森伊蔵』の妙味にもすっかりはまってしまった。

また陶芸は趣味の世界を超えて、ほとんど専門家の域にある。大統領時代は、エリゼ宮の執務室に紀元前二〇〇〇年頃の土偶が飾ってあった。日本の首相官邸に置いてあった土偶を埴輪といった通訳の誤りを正したこともあった。なにしろ縄文土器と弥生土器の違いまでわかってしまうシラク氏の前では日本の政治家もタジタジで、生半可な知識を披露しないよう警戒していたほどだった。

そんな日本通のシラク氏が、病的にまで入れこんでいたのが日本国技の相撲だ。なにしろ自分の愛犬に〝スモウ〟と名づけるほどの大ファンで、相撲に関するエピソードは尽きない。

パリ市長時代の一九八六年と、大統領職についた後の一九九五年にも大相撲のパリ公演を実現させたシラク氏の相撲好きは、日本の政治家の間でも有名だった。そこで故小渕首相はパリを訪問する際、貴乃花が明治神宮に奉納した綱と軍配を手土産として持参したところ、非常に喜ばれたという逸話がある。シラク氏が最も惚れこんでいた力士はたまたま小渕首相と同郷の琴錦で、相撲外交は大きな成果をもたらした。

また二〇〇〇年の沖縄サミットを成功させるため、事前にヨーロッパを歴訪した河野外相が、大相撲六日目にシラク氏と会談したところ「五勝一敗で五人の力士が並びましたね」と切り出されて面食らったこともあった。

そのときシラク氏は、二〇年前に訪ねた沖縄の焼き物美術館の思い出や郷土料理がいかに素晴らしかったか説明し、東京、京都、奈良にも行きたいし、名古屋では大相撲を見たいと話している。そして「いつも日本に行くのは楽しく、帰りは辛い」と漏らした。

しかも、二〇〇五年の愛知万博に主要国の元首級の来賓として、一番乗りを果たしたのもシラク氏だった。しかし万博に先立って、まっ先に訪れたのは大阪の大相撲春場所で、解説として同席した北の湖理事長（当時）に「今日は相撲が良かった」と満足そうだった。

だがシラク氏の大相撲好きは、公私混同といえないこともなかった。というのは大統領職にあった一二年間、在日フランス大使館の広報担当の重大な職務のひとつとして、本場所中は毎日、その日の幕内の取組の勝敗と決まり手をファックスでエリゼ宮の大統領のもとに報告しなければならなかったからだ。ときに大統領から、詳細な説明を求められることもあったようで、気のぬけない仕事だったらしい。

二〇〇七年、シラク氏は大統領職をまっとうして政治家を引退。それでも、大相撲の優勝力士を顕彰する「日仏友好杯」は残った。もともとシラク大統領が創設したのは、「フランス共和国大統領杯」だったが、サルコジ氏が次の大統領になったことでいったんは廃止も検討された。だが土俵ぎわで踏んばって、どうにか名称を変えて残ることになった。

なにしろこのふたりは犬猿の仲。「坊主憎けりゃ袈裟まで憎い」というが、サルコジ氏はシラク憎けりゃ相撲まで憎かったのか、「ポマードをべったりつけて髷を結った肥満の男たちの格闘に魅了されるとは理解できない。相撲は、知的なスポーツではまったくない」とシラク氏を挑発するようなあからさまな言葉を浴びせた。

後年、シラク氏は自伝で「相撲を皮肉り、日本を中傷した。私が情熱を傾ける二つを彼が知らないわけはない」とサルコジ氏への怒りをあらわにしている。「戦いの前に、ふたりの力士が相互ににらみあう視線以上に強いまなざしを知らない」というシラク氏にとっては、相撲こそが氏の人生にも政治にも多大なインスピレーションを与えてくれたのだから。

日本人になりたかったフランス人

歴史上、最も日本人になりたかったフランス人は、最も嘘をつくのがうまかった一八世紀のフランス人詐欺師(さぎ)だった。その名はジョルジュ・サルマナザール。若い頃は、イエズス会の神学校で学んでいたこともあった。

ある時、放浪していたサルマナザールは日本人の風貌について人づてに聞いたことから、「自分はキリスト教に改宗した日本人だ」という嘘を思いつき、まんまと寄付金をせしめた。小柄ではあっても色白で金髪の彼は、どう見ても日本人には見えなかったが、当時はそんな話を信じてしまうくらい日本は遠い国だった。

それにもましてサルマナザールは嘘をつくのが巧みで「お前は東洋人だというが、なぜ色白なんだ⁉」という疑いには、上流階級は地下に広間をつくって贅沢(ぜいたく)に暮らしているので日に焼けない。髪については、一般庶民は黒髪だが貴人は金髪だと答えていた。

現代風にいえば、自在にフィクションを創り出すストーリー・テラー、あるいは自分が嘘をついていることになんの罪悪感も感じないサイコパスといった特殊な才能？をもった人間だったに違いない。

それでも彼の嘘を見抜いた人間がいた。サルマナザールが食うに困ってオランダ軍に入隊していたとき、噂を聞いたカトリック司祭から呼び出しを受けた。司祭はすっかり騙されてしまったが、同席した従軍牧師のウィリアム・イネスが嘘を見破った。だが、嘘を見抜いたイネスは、逆に日本人ではバレてしまうから台湾人とした方がよいと入れ知恵する。

以後、サルマナザールは自らを台湾の王子と詐称。イネスの口利きでロンドン司教と対面した彼は、司教のお墨付きをもらって社交界にデビューし、やがてオックスフォード大学の講師として教鞭を執り、その道の第一人者としての地位を確立していった。

一七〇四年に彼が著した『台湾史』（正式なタイトルは『日本の皇帝が統べる島、台湾の歴史と地理の研究』）は、英語のほかフランス語やオランダ語などにも翻訳され、二〇年以上も大ベストセラーだった。ちなみに、日本は「生類憐みの令」を公布した五代将軍徳川綱吉の治世で、本が発刊される前年には吉良邸に討ち入りした赤穂浪士が切腹している。

ここでいう台湾とは、日清戦争後に清朝から大日本帝国へ割譲された台湾（一八九五－一九四五年）のことではない。時代はそれ以前に二〇〇年ほどもさかのぼる。しかも『台湾史』が発刊された当時、本当の台湾はオランダの植民地だった。サルマナザールのいう台湾とは、実在する台湾ではなく、日本近海にある日本の皇帝の統治下にある架空の国だ。台湾人の先祖はもともと中国に住んでいた日本人だったが、追放されてこの島に逃げてきたという設定なのだ。

『台湾史』では台湾の歴史・文化・風習・言語などについて、事細かに記述されている。たとえば台湾人は生肉を食べ、食人の習慣があり、正座して椅子に腰かけると説明する。また身分によって服装は異なり、王族は宝石をちりばめた豪華な服を着ているが、平民は一枚上着を羽織っただけで胸をはだけ、陰部を真鍮（しんちゅう）もしくは金や銀製のプレートで隠しているというからデタラメもいいとこだ。これに対して日本人は二、三枚の上着を着て帯をしめ、頭に小さな帽子をかぶっているという。

また、台湾語と日本語はいくつか発音が異なる程度でほとんど変わらず、言語は二〇文字からできていて、右から左へと読む。現在形は抑揚をつけず、過去形は声を上げて、未来形は声を下げて発音するといった具合だ。

さらに、すべての住民が平和に暮らせるのは厳しい刑罰によるもので、目上の人を叩いた者は手足を切断、聖職者を叩いた者は生き埋め、国王や役人を叩いた者は犬を使った八つ裂きの刑に処されると空想を膨らませている。

しかし、ついにサルマナザールの嘘が暴かれる時がやって来た。まず、万有引力を発見したかのアイザック・ニュートンが『台湾史』は古い中国の文献からの盗用ではないかと異議を唱えた。だが、これはあくまでも彼の空想の世界なので、ニュートンの指摘は誤っていたが、このとき臆病風に吹かれたイネスはロンドンから逃げ出してしまった。

最終的にペテン師に引導を渡したのは、ハレーすい星の研究で知られるエドモンド・ハレーだった。彼は『台湾史』で説明する星図や日照時間の誤りを指摘して、ついに自白に追い込んだ。仮面をはがされて名声を失ったサルマナザールは田舎にひきこもり、八四歳まで生き長らえた。嘘の天才は、反面〝偉大な文学的山師〟とも評される。だが、良くも悪くも、サルマナザールにホンモノの日本人を見せられなかったのは残念だ。

ロダンやモネも愛したジャポニスム

日本がはじめて万博に参加したのは、慶応三年（一八六七年）の第二回パリ万博のときだった。時代は、産業革命後の一九世紀末から第一次大戦前のパリの最も華やかなりし〝ベル・エポック〟（良き時代）にあたる。

前年にナポレオン三世から幕府に対し、展示品の出品要請と元首を招待する書簡が届き、このとき第一五代将軍徳川慶喜の名代として、弟の徳川昭武がパリに赴いている。興味深いのは、幕末の混乱を反映して、幕府とは別に薩摩藩と佐賀藩も参加していることだ。薩摩藩は「日本薩摩琉球国太守政府」と名乗り、家老が自国の勲章まで用意して持参。現地で薩摩藩が来ていることを知った幕府の使節団は仰天し、そこで小競り合いとなった。

このときの万博の開催期間は、一八六七年四月一日から一一月三日まで。一方、最後の将軍となった徳川慶喜が政権を天皇に返上した「大政奉還」は同年一一月九日のことであるから、パリ万博の終了直後に約二六〇年間続いた江戸時代は幕を閉じたことになる。

ちなみに、一八七八年の第三回パリ万博には、ベルが発明した電話機やエジソンの蓄音器が出展され、続く八九年の第四回パリ万博ではエッフェル塔が完成。会場周辺には一部鉄道が開通して、来場者をピストン輸送した。さらに一九世紀最後を飾った第五回パリ万博には、最高の四七〇〇万人が来場。このなかには、ロンドンに留学に向かう途上の夏目漱石の姿もあった。この万博に合わせて高さ一〇〇メートルを超える大観覧車「グラン・ルー」ができたほか、動く歩道もお目見えした。世界に先駆けて科学文明の萌芽が見られるパリの空気は刺激に満ちていた。

このとき日本は法隆寺金堂を模したパビリオンに皇室伝来の所蔵品を展示して注目を集めたが、それ以上に人気を博したのは日本館の芸者で、フランス人の男性からプロポーズされたり、パリジェンヌからは着物を譲ってほしいとせがまれたりしたという。

だが万博の華となったのは、政府とは別に参加した川上音二郎とその妻貞奴(さだやっこ)の一座だった。前年のアメリカ横断巡業では、試行錯誤の末、華麗なる貞奴の踊りと着物の下に血糊を入れて侍が切腹するシーンが派手なパフォーマンスを好む人々の心をとらえた。当時のアメリカ大統領マッキンレーをはじめアメリカ中が貞奴ブームに沸き、お陰で日本=「ゲイシャ」「ハラキリ」「フジヤマ」というイメージがすっかり定着してしまった。

アメリカで大成功を収めた一座は、演劇の本場ロンドンに招かれたのちパリにやって来た。パリ万博で演じた「遠藤武者」と「芸者と武士」を観たフランスの観衆は、生まれてはじめて目にするエキゾチックな芝居に釘付けとなった。初日の公演を観て感動した彫刻家のロダンは、興奮を抑えきれずに楽屋を訪ねて貞奴にモデルになってほしいと依頼するが、ロダンが有名な芸術家であることを知らない彼女はすげなく断ってしまう。

また、仏大統領ルーベから園遊会に招かれた貞奴は踊りを披露。大統領夫人にもたいそう気に入られて、エリゼ宮の庭をいっしょに散歩したという記録もある。

ここで貞奴と音二郎について若干補足すると、貞奴こと本名・小山貞は、明治維新直後の一八七一年に江戸日本橋に一二人兄妹の末っ子として生まれた。家業の両替商は銀行の登場で没落し、幼い貞は芸妓(げいぎ)置屋(おきや)に預けられた。器量良しで賢くしっかり者の貞は、置屋の女将に見い出されて大物芸者に育ってゆく。一二歳で水揚げした相手は当時首相だった伊藤博文で、その後も長らくパトロンだった。

かたや若い頃板垣退助の自由党に入党していた音二郎は、芝居を通して政治運動を推し進めようと試みる。当時、一大ブームとなった風刺のきいた「オッペケペー節」は、音二郎のオリジナルの流行歌だ。

パトロンだった伊藤博文との関係と芸者の身から解放されて音二郎と結婚した貞は、劇団の世話役となったが、音二郎の派手な生活と神田にヨーロッパ風の豪奢な劇場を建てたことで借金がかさみ、にっちもさっちもゆかなくなったふたりは借金取りから逃れるように日本を脱出。結果的に、欧米での海外巡業がジャポニスムの火をつけることになった。

パリ万博で話題をさらった川上一座は、翌年、イギリス、フランスのほか、オーストリア、ドイツ、ロシア、イタリア、スペイン、ポルトガルでも公演し、至るところで喝采を浴びた。

大人気の貞奴はピカソのモデルになったり、彼女にちなんだ着物風の「YAKKO DRESS」に美肌スキンクリームやオリエンタル風の香水まで発売された。また貞奴の琴の音色は、ドビュッシーの交響曲『海』にインスピレーションを与えたのだった。

この時代、貞奴のほかにもうひとりフランスのジャポニスムの普及にひと役買ったのが、花子こと、太田ひさだった。子どもの頃から旅芸人の一座で芝居をして育った芸者の花子は、コペンハーゲン万博に出る踊り子募集広告を見て単身渡欧。その後、花子一座を立ち上げて一八カ国を巡業して回るなか、マルセイユの博覧会でロダンと運命的な出会いを果たす。

花子一座の出し物は「芸者の仇討」や「ハラキリ」が定番で、ロダンは切腹して苦悶する花子の迫真の演技に身震いした。先に勢い込んで貞奴から断られた経験があったため、今度は通訳をつけて慎重に花子に接近し、モデルになってもらうことに成功した。

身長一三八センチの小柄な花子は決して美人でもなかったが、ロダンは「Ｐｅｔｉｔｅ・ＨＡＮＡＫＯ（小さな花子）」と呼んで可愛（かわい）がり、寝食をともにして作品に没頭した。最初の作品『死の顔』から、五年間で五八点もの彫刻を作った。ロダンの作品のなかでは花子の作品が最も多いことでも、いかに巨匠が日本にはまっていたかがわかる。

ジャポニスムはロダン以外の芸術家にも大いに影響を与えた。たとえばゴッホは歌川広重の浮世絵を模写したり、ロダンがゴッホから買い上げた『タンギー爺さん』の絵の背景には六点の浮世絵が描かれているほか、マネの『エミール・ゾラの肖像』にも浮世絵が見られる。そのほかロートレック、ドガ、ピサロ、ゴーギャンなども、ジャポニスムからインスピレーションを得たフランスの画家だ。

そのなかでも特に日本人に知られているのは、印象派を代表するルノワールの『うちわを持つ少女』や、数々の睡蓮を描いた〝光の画家〟モネが妻カミーユに真っ赤な着物を着せて扇をもたせた『ラ・ジャポネーズ』。自宅に日本庭園までつくったモネは、『睡蓮』の連作に日本風の橋を描いている。

ことのほか日本びいきのモネにはこんなエピソードがある。倉敷の実業家の大原家とつながりのあった画家の児島虎次郎が、絵を買い付けにモネの自宅を直接訪ねたときのことだ。すでに大芸術家としての地位を確立していたうえ、白内障をわずらってほとんど視力を失いかけていた晩年のモネは誰にも会おうとしなかったが、日本人と聞いて心を動かされた。

大キャンバスに顔をすり寄せるようにして風景を描いていたモネに、「日本人画家のために、ぜひとも絵を譲ってほしい」と児島がお願いしたところ、「今は大作を描いている最中なので、一カ月後に来なさい」と言葉を返した。後日、約束通り、モネは『睡蓮』などの絵を用意して待っていてくれた。このときの絵は、今も大原美術館に所蔵されている。

それにつけても、エスプリの国のフランス人芸術家を虜(とりこ)にしたジャポニスムを開いたのは、華奢(きゃしゃ)ながらたくましい日本人女性であったことはとても興味深い。

新ジャポニスムとオタク文化

二一世紀の現代、パリは新たなジャポニスムに沸いている。日本の漫画やアニメをみて、ビデオゲームで遊ぶオタクが急増している。リビングの棚には、黒澤明や北野武の日本映画やスタジオジブリのDVDが陣取り、棚の横にはまねき猫の置物が飾られ、バスルームには資生堂・メナード・シュウ ウエムラなどの日本製コスメが並んでいるといった具合だ。

そして今フランスは空前の日本食ブームを迎えている。すでに八〇年代以降、健康志向から日本食ブームに火がつき、現在フランス国内には二〇〇〇軒を超える日本レストランがあるといわれる。しかし、その九割以上は中国人経営者による素人日本料理店が幅(はば)をきかせている。そのためパリ市内には八〇〇軒の日本レストランがあっても、本当の日本食が出てくる店は八〇軒ほどだ。

これまでフランス人が知っている日本料理といえば、寿司、焼き鳥、てんぷらくらいのものだったが、新たにラーメンが仲間入りした。オペラ座周辺にはたくさんのラーメン屋が軒を連ねるが、なかにはフランス人が長い行列をつくる評判の店もある。二〇一四年一月には「パリ・ラーメンウィーク」が開催され、今やラーメンはパリっ子にすっかり定着した。しかしラーメンを食べた後でも、最後はゆったりとコーヒーで締めるのがフランス流。お陰で、日本のようにスムーズに回転しないのが店長の頭痛の種だ。

それともうひとつ人気を呼んでいるのが、「ベントウ」だ。一般にフランス人は弁当をもち歩く習慣はなく、お昼もビストロやレストランに出かけるか、自宅に戻ってくつろいでいた。しかし、リーマンショック後の不況で食習慣が変化し、オフィスや公園でサンドイッチやハンバーガーをほおばって簡単にすませるようになってきた。だが、それではあまりに味気ないということで、日本人にあやかって弁当持参のフランス人が急増し、ここのところ日本の弁当箱が飛ぶように売れている。

内部に仕切りがあったり段重ねになった機能的な弁当箱や、日本文化を感じさせる木製の弁当箱も引きが多いが、アニメのキャラクターが入った〝キャラベン〟が大人気。もともとフランスに弁当という習慣が受け入れられたのは、漫画やアニメの登場人物が弁当を食べているシーンを見たからだという。そのため毎日の手作り弁当をブログにアップする人のなかには、可愛い(かわい)アニメキャラをかたどったカラフルな弁当が見られる。

さて、こんな新ジャポニスムを象徴するのが、毎年七月にパリで開催される「JAPAN EXPO」だ。この日本文化のイベントは二〇〇〇年から毎年七月に催されているが、二〇一三年は二三万人を超える入場者があった。広い会場には、漫画、アニメ、ビデオゲーム、日本音楽のCD、コスプレグッズ、漫画喫茶などのブースのほか、フランス人による漫画の同人誌のブースでいっぱいだ。

折り紙や書道、将棋や囲碁、茶道や華道、柔道・空手・合気道といった武道など、本来の日本伝統文化を紹介するコーナーも充実しているが、このほかファッションショー、ライブコンサート、ビデオゲームのトーナメント、カラオケやコスプレのコンテストは毎年恒例の目玉になっている。二〇一三年は『北斗の拳』の原作者の原哲夫氏が講演したほか、ゆるキャラの「くまモン」や「ひこにゃん」まで登場する力の入れようだった。

そもそもフランスに日本アニメが上陸したのは、七〇年代後半のことだった。最初に手塚治虫の『ジャングル大帝』や『リボンの騎士』がテレビ放送されたが、ブームの火付け役となったのは永井豪の『ゴールドラック』(邦題『UFOロボ　グレンダイザー』)で、この作品をみて育った子どもたちは「ゴールドラック世代」と呼ばれている。

第二次アニメブームは、『ドラゴンボール』『聖闘士星矢』『美少女戦士セーラームーン』といった作品が、六〇パーセント近い高視聴率を叩(たた)き出した。するとあまりの影響力に日本アニメバッシングがはじまった。『北斗の拳』『キン肉マン』などの暴力シーンや、『シティハンター』のセクシーな〝もっこり〟表現が教育上好ましくないということで、内容が大きく修正されてしまったのだ。

しかも当時のラング文化大臣は文化侵略とまでいって、ヨーロッパで制作した番組を六割以上放送するよう義務づけ、日本アニメは残り四割以下の枠内に縮小されることになった。これに困ったのはフランスのアニメファンで、彼らはアニメ放送できないならオリジナルの日本の漫画を翻訳して出版するようフランスの出版社に直接働きかけたり、愛好家が発行した同人誌を発表するささやかなイベントを開催。これがのちの「ＪＡＰＡＮ　ＥＸＰＯ」へと発展したのだった。同人誌からは、日本アニメにフランス独自の文化や芸術性を加味した新たなアニメが生まれている。だから「ＪＡＰＡＮ　ＥＸＰＯ」は、新たなジャポニスムを創造し、発表する場でもあるのだ。

ところで、「ＯＴＡＫＵ」という言葉はフランスの流行語にもなっていて、バスティーユ地区のケレー通り(rue Keller)は、通称「オタク通り」と呼ばれている。

ただフランスでは、アニメグッズやフィギュアを買い集めても白い目で見られるようなことはない。むしろフィギュアは彫像、セル画は絵画、コスプレはファッションと考えている。芸術の国フランスでは、明るく開放的なオタク文化が花開いている。

鎖国中もつき合いのあった“唯一”の国。
天皇陛下の黙祷が、敵意を友好に

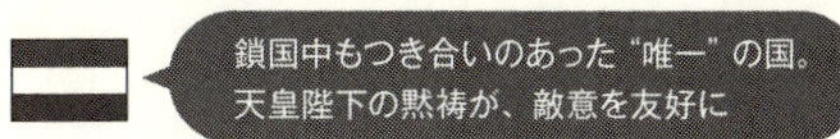

オランダ

オランダは鎖国中の日本との交易を独占。この間、
日本はオランダ人から蘭学を教わり、世界情勢を入手した。
だが340年間も良好だった2国間の関係は、第二次大戦で一変。
日本軍のために植民地のインドネシアを失い、
屈辱を味わったオランダに反日感情が芽生えた。
しかし、2000年にオランダを訪ねた天皇皇后両陛下が、
戦没者記念碑で黙祷を捧げる真摯な姿を見て、オランダ人の心は氷解する。

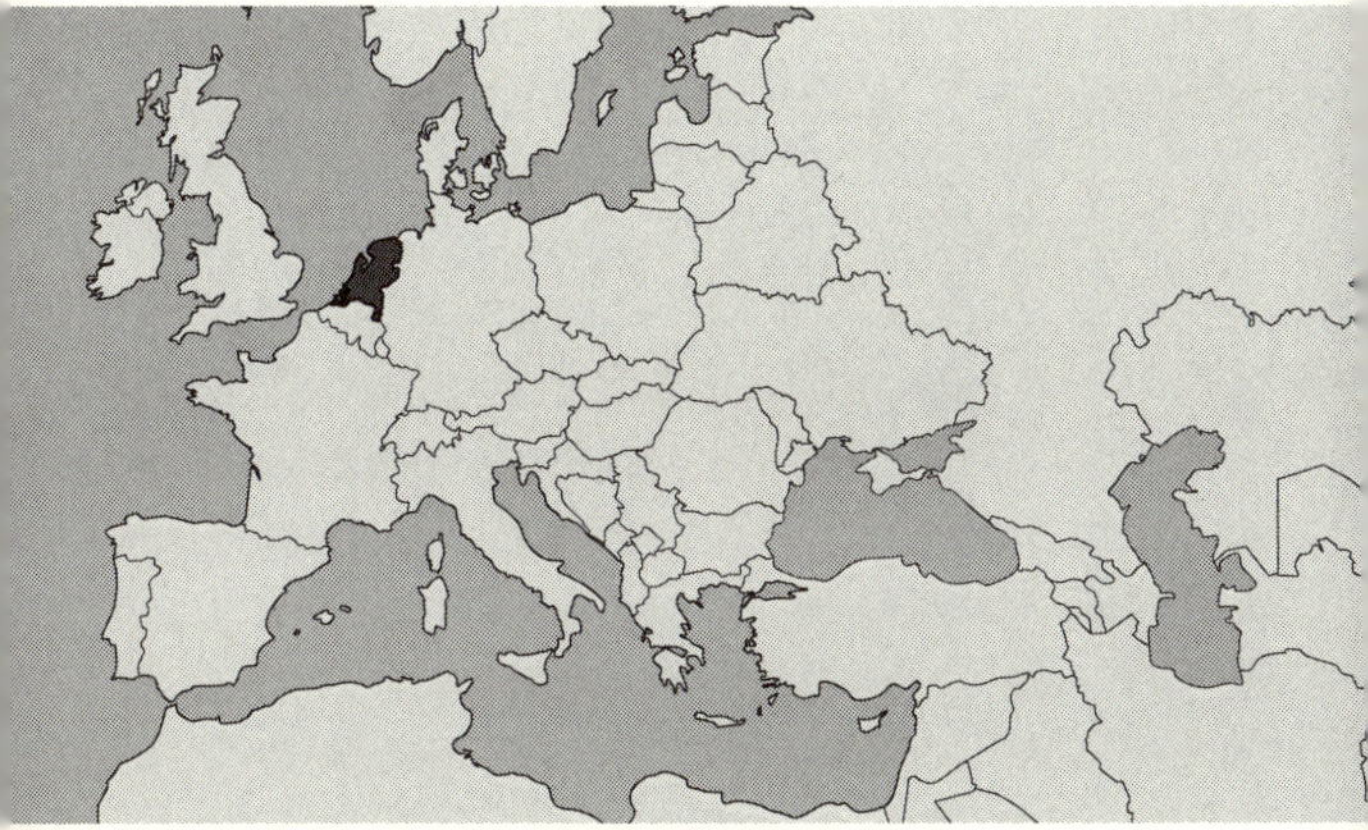

- ▶正式名称　オランダ王国〈Kingdom of the Netherlands〉
- ▶首　　都　アムステルダム
- ▶人口［順位］　1,694.7万人［67位］
- ▶面積［順位］　41,543km²［135位］
- ▶通　　貨　ユーロ
- ▶主な言語　オランダ語
- ▶世界遺産　スホクラントとその周辺、ファン・ネレ工場　など

反日を好日に変えた皇室外交

かつてオランダは日本にもっとも近しい国だった。なにしろ鎖国中の二〇〇年間、お隣の中国は別として、お付き合いしていた唯一の外国だったのだから。

オルゴール、カバン、ランドセル、ビール、コーヒー、ポン酢から、果てはおてんば（「負けん気の強い」の意味）やアスベストまで、普段日本語として使っている言葉のなかには、実はオランダ語から借用した言葉が少なくない。

そもそもオランダ人（当時の呼び名は紅毛人）が最初に日本にやって来たのは、今から四〇〇年以上も前の慶長五年（一六〇〇年）のこと。商船「リーフデ」号が豊後（大分県）の臼杵に漂着したのをはじまりとする。当初一一〇人いた乗組員は、そのとき二四人になっていた。ここにはイギリス人のウィリアム・アダムス（三浦按針）とともに、オランダ人のヤン・ヨーステン（耶揚子）がいた。

徳川家康に気に入られたこのふたりは、帰国したくても帰してもらえず日本に居つくことになった。通訳や外交顧問として朱印船貿易に活躍したヤン・ヨーステンは、日本人女性と結婚し、今の八重洲あたりに屋敷を構えていた。八重洲はヤン・ヨーステンの名前が訛って、「やようす（耶揚子）」→「やよす（八代洲）」→「やえす（八重洲）」に変化したものといわれる。

その後、キリスト教の布教を行ったポルトガル人は出島から追い出され、代わりに布教はせずに商売ひと筋を誓ったオランダ人が平戸からここに移って商館を構えた。オランダ人は日本の貿易を独占したものの、アムステルダム中心部にあるダム広場ほど（約一・五ヘクタール）の狭い人口の島に押し込められてしまった。

オランダ人には、出島に出入りを許されていた丸山遊女との逢瀬（おうせ）や、将軍に目通りするために江戸に上る「江戸参府」くらいしか楽しみはなかった。ちなみに、将軍への献上品には望遠鏡・地球儀・シャンデリアなどのほか、ラクダやシマウマといった珍しい動物まであったというから、さぞかし将軍は目を丸くしたことだろう。

しかし江戸時代末期になるとオランダは力を失い、代わってイギリスとアメリカが海制権を握る。そういいながらも嘉永六年（一八五三年）、黒船に乗って浦賀にやって来たペリーは英語でなくオランダ語の通訳を介して日本に開国を迫ったという。

一方、巻き返しをはかりたいオランダ国王は、幕府から艦船の受注を見こんで軍艦「スンビン」号（観光丸と改名）を将軍に献上。この船を使って砲術・航海術・造船技術を教える海軍伝習所が長崎にできると、のちに江戸無血開城に貢献した勝海舟が教頭におさまった。次に幕府がオランダに発注した「ヤパン」号（咸臨丸（かんりんまる）と改名）を指揮し、勝海舟はアメリカに渡ったのだった。

そのほかオランダは日本に治水・灌漑（かんがい）技術も提供してくれた。国土の四分の一が海抜0メートル以下にあるこの国は、「世界は神がつくり賜（たも）うたが、オランダはオランダ人が造った」と自負するように、古くから海水をくみ出したりする水に関する技術に長けていた。

この時期、オランダから一二人の土木技術者が来日しているが、そのうちデ・レイケは木曽三川に堤防を築いたり護岸工事を施して、住民を洪水から守ってくれたことで知られる。

また、ファン・ドールンは雨が降らない不毛の福島県安積原野に猪苗代湖から水を引いて灌漑用水路（安積疎水）を造ったことで、やがてこの一帯は日本有数の米の産地となった。その功績が称えられ、猪苗代湖畔に彼の銅像が建てられた。銅像は第二次大戦中の金属回収令で徴収されそうになるが、恩を忘れぬ地元住民の反対で守られたという逸話がある。

さて、日本とオランダの関係を俯瞰したとき、最初の三四〇年は概ね良好だった。しかし一九四二年、太平洋戦争で旧日本軍がインドネシアに侵攻したことで、約三五〇年続いたオランダの植民地支配に終止符が打たれた。そのため天然資源やコーヒー・茶の栽培で潤っていたオランダは、自国の三六倍もある領土を失って九州ほどの小国に転じてしまった。

しかも旧日本軍に敗れたことで、オランダ軍人四万人と民間人九万人が不衛生な抑留所に収容されてしまった。元はといえば、その抑留所はオランダ人が現地人のために建てた粗末な宿舎だったのではあるが。しかし民間人が強制労働させられたり、オランダ人女性が慰安婦にされた思い出がオランダ人の記憶からぬぐいされなかった。

事実、一九七一年に昭和天皇がオランダを訪問した折、市民から車に生卵を投げつけられるなどの手荒な歓迎を受けたこともあった。また、八六年にはオランダ国民の反発でベアトリクス女王の訪日が見送られたり、九一年に海部首相がオランダを訪問した際に戦没者慰霊碑に献花した花束が池に投げ捨てられるといった事件が起こり、オランダ人の怒りはいつまでも鎮まりそうになかった。

そんな人々が変わったのは、二〇〇〇年にベアトリクス女王に招かれて天皇皇后両陛下がオランダを訪問したときのことだ。王宮前のダム広場に建つ戦没者記念碑の前で献花した天皇皇后両陛下は、真摯（しんし）な面持ちで黙祷を捧げた。静寂のなかで身じろぎもせずに、一分間にもわたってじっと立ち尽くした。そのニュースを見て、胸を熱くし涙を浮かべたオランダ人は少なくなかったという。ヴィクトリア女王もそのひとりだった。

その夜、アムステルダムの王宮で表敬晩餐（ばんさん）会が催された。ここには大戦中インドネシアで旧日本軍から抑留された経験をもつ八人のオランダ人も、女王から直接招待されていた。そのなかには一七歳のときに三年半抑留生活を強いられた、P.J.H.ヨンクマン氏の姿もあった。氏は在英オランダ大使を退任後、デンハーグにある国際司法裁判所において常設調停裁判所の事務次官や、ヴィクトリア女王の枢密院顧問をしていたこともある。

当初からヴィクトリア女王は天皇皇后両陛下にかつての抑留者を引き合わせようとしたが、日本の外務省は慎重だった。もし会見の場で事件が起こってはと心配するのは、むしろ当然のことだった。だが、元抑留者の人物をよく知る女王はその心配はないこと、また彼らとの面会を望まれるだろうと確信した女王は、この件で天皇皇后両陛下に直接お話しされた。

そして女王は、まっ先に両陛下を広い晩餐会場の八人のグループのもとに案内した。熱心に耳を傾ける姿を間近にし、ヨンクマン氏は「天皇皇后両陛下は、私たちが得てして想像しがちな、近づき難い君主というようには全然お見受けいたしませんでした。それどころか、彼らは戦時中にインドネシアで何がオランダ人に起こったかという事をよくご存知であられるばかりでなく、そのことについて自由にお話をされました」と綴っている。

さらにヨンクマン氏が驚いたのは、皇后陛下がまったくご自分の意思で自由に抑留者全員のなかに入って話したうえ、戦時中の辛い経験を話す女性の手を長い間じっと優しく握って慰めの言葉をかけたことだった。

ヨンクマン氏は「このようにして陛下はこの公式訪問によりインドネシアからの帰

国者グループ内にある多くの批判をお和らげくださいました」と述べている。

　その翌日、天皇皇后両陛下はアムステルダムの児童養護学校「ミチルスクール」を訪問。ここでおふたりは脳障害や筋ジストロフィーなどの障害のある二〇〇人ほどの子どもたちの出迎えを受け、和やかな時を過ごした。そのなかにひとり金色の王冠をかぶった女の子が机にふせたまま眠っていた。この日の出会いを楽しみにする余り、はしゃぎすぎて疲れて眠りこんでしまったのだった。女の子に気づいた皇后陛下はあえて起こすのも気の毒だと気遣い、そのまま立ち去った。

　まもなくハッと目を覚ました女の子は、すべて終わってしまったことがわかると、泣きながら後を追って走ってきた。すると身をかがめてしっかりと胸で抱きとめられた皇后陛下に、女の子は無心でしがみついた。このニュースと写真が大々的に報じられると、オランダ人の心はようやく氷解し、ネガティヴな批判がピタリとやんだ。

「皇室は一〇〇〇人の外交官に匹敵する」といわれるが、王室を尊敬する伝統があるこの国では皇室外交がオランダ人の心をとらえたのだった。

　その二年後の二〇〇二年に外務省がオランダ人六二四人を対象にした対日世論調査では、七五パーセントが日本を「豊かな伝統・文化をもつ国」と称え、八九パーセントまでが日本人を「勤勉」と評価するまでになった。また、二〇〇五年の米国「ピュー・リサーチセンター」の世論調査では、六八パーセントのオランダ人が日本にポジティブな印象をもっていることがわかった。

事実、東日本大震災後にオランダのビッディングハイゼンで開催された国内最大のイベントでは、五万人の参加者が「私たちはあなたがた、日本を愛しています（WE LOVE YOU, JAPAN!）」「私たちはあなたのために祈っています（WE PRAY FOR YOU.）」という赤と白のポスターを手に、ハートの人文字（マーク）をつくって激励してくれたのだった。

第一次大戦の苦境で受けた恩を、
関東大震災の折に返す

ベルギー

第一次大戦時、ベルギーはドイツ軍の威嚇に
屈することなく断固戦う姿勢を貫いた。だが戦力の差は如何ともしがたく、
すぐに劣勢に立たされた。侵略されたベルギーを支援しようと、
日本ではキャンペーン運動が巻き起こり、義援金や物資を送った。
ベルギー人は日本人の真心を忘れず、
関東大震災の際に小国としては桁外れの多額の義援金を集めて、
そのときの恩に報いた。

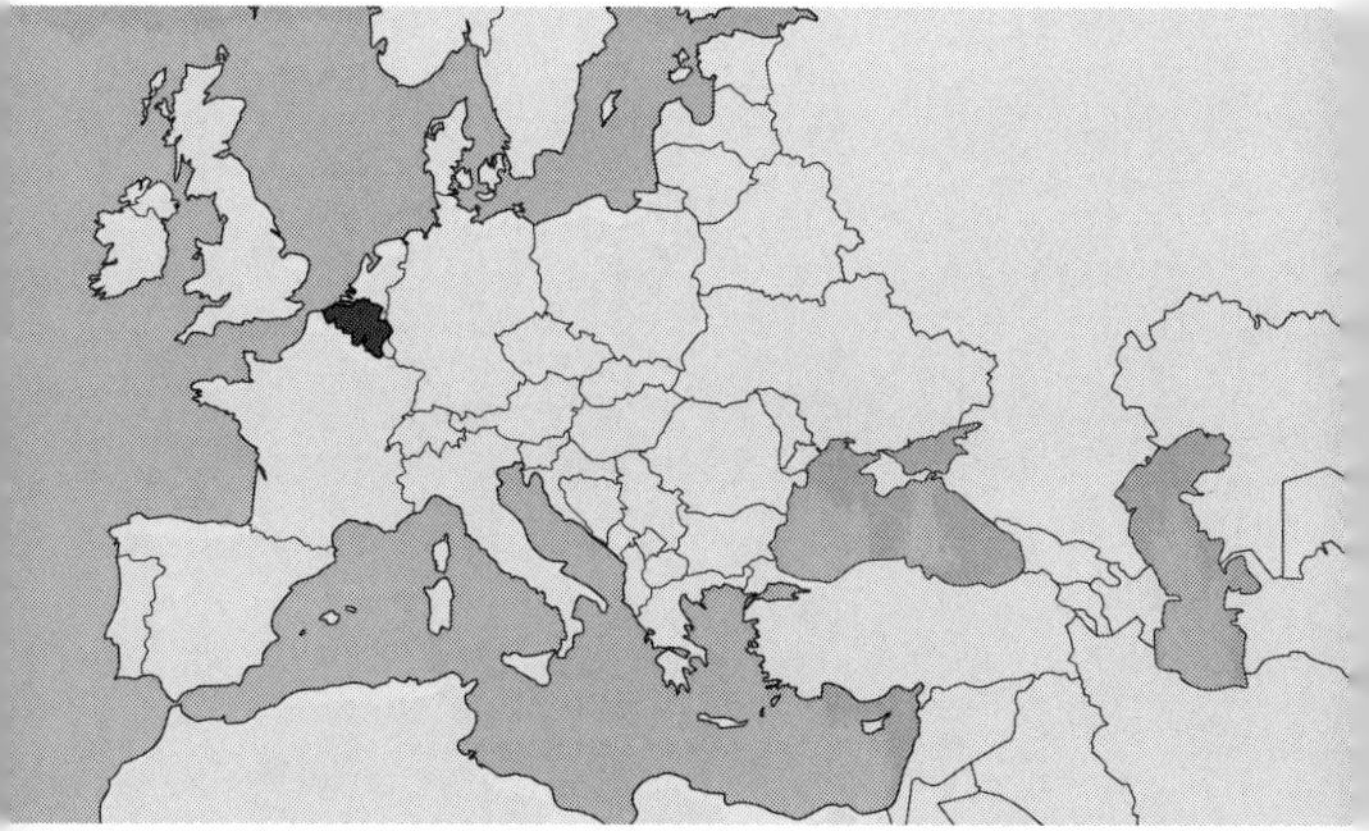

- ▶ 正式名称　ベルギー王国〈Kingdom of Belgium〉
- ▶ 首　　都　ブリュッセル
- ▶ 人口［順位］　1132.3 万人［78 位］
- ▶ 面積［順位］　30,528km^2［141 位］
- ▶ 通　　貨　ユーロ
- ▶ 主な言語　オランダ語、フランス語、ドイツ語
- ▶ 世界遺産　ブリュッセルのグラン=プラス、ワロン地方の主要鉱山遺跡群

両国を結んだ第一次大戦と関東大震災

自国こそがヨーロッパの中心だと主張する国が少なくないなか、ベルギーこそは正真正銘ヨーロッパの中心にあるとの主張にはうなずけなくもない。なぜなら民族的に見ても、ラテン、ゲルマン、アングロサクソンの交差点に位置するからだ。そんな条件が災いして、歴史を振り返るとローマ、スペイン、オーストリア、フランス、オランダに支配され、外国人の王様を迎え入れることでようやく独立が承認されたのは、一八三九年のことだった。

現在、ベルギーにはＥＵ本部のほか、ＮＡＴＯ（北大西洋条約機構）本部が置かれ、完全に米国主導の軍事同盟のなかに組みこまれている。今でこそ首都ブリュッセルはＮＡＴＯの顔になっているが、他国の支配にはもううんざりしていたベルギーは、独立と同時に永世中立国となった。しかしいくら永世中立国を宣言したところで、周囲の国が認めてくれなければ、平和は絵に描いた餅にすぎない。

そんな事態が早くも第一次大戦で起こった。ベルギーは、同盟国側のドイツと協商国側のフランスの二大国の間にはさまれて、苦しい立場にあった。一九一四年八月二日、ドイツ軍は「ベルギーには戦線布告しない代わりに通行権を与えよ。しかも、国土に侵入した際の損害はすべて賠償する」という最後通牒（つうちょう）を発した。ドイツ軍は、ベルギー北東部を通過して守りの手薄なフランス北東部から攻めこもうとした。ベルギーは永世中立国ながらも、地の利の良さが災いして戦火に巻きこまれてしまった。

これに対して、国王アルベール一世はドイツに屈することなく、断固戦う姿勢を貫いた。だが、国力の違いはいかんともしがたかった。瞬く間に、リエージュ、ブリュッセルと、次々に都市が陥落してゆく。それでもアルベール一世は国境の町フェルヌ近郊に踏みとどまると、敗残兵をかき集めて最後の抵抗を試みた。

ベルギーの苦しい戦況は、連日日本でも報道され、ドイツと勇敢に戦うベルギーの国民を支援しようというキャンペーン運動にまで発展していった。そうして義援金といっしょに、日用品や薬品がベルギーへと送られた。

大戦後も、ベルギー人はそのときの日本人の恩を忘れなかった。一九二三年九月一日、マグニチュード七・九の巨大地震が関東地方一帯を襲った。特に東京・神奈川の被害は甚大で、被災者約一九〇万人（二四〇万人以上との説もある）、死者・行方不明者は一〇万人を超え、全壊家屋は約一〇万九〇〇〇軒、全焼家屋は約二一万二〇〇〇軒にのぼった。

九月三日に地震のニュースを知ったベルギーは、電光石火の早業で翌々日に「日本人救済委員会」を立ち上げた。このとき、第一次大戦の元兵士に向けてメッセージを発信。それは、当時ドイツ軍の侵攻に苦戦する祖国を支援してくれた日本人への感謝を思い出させ、今こそそのときの恩に報いようという文面だった。

ベルギー国内では、チャリティーコンサートやバザールなどが開催され、合計二六四万二〇〇〇フラン（現在の約七億円に相当）の義援金が日本に贈られた。この金額はアメリカ、イギリスに次ぐもので、小国としては桁外れのものだった。

その後、関東大震災の惨禍を永遠に記録し、後世に伝えるために東京都慰霊堂の付帯施設として東京都復興記念館が墨田区に建設された。ここの二階に、関東大震災の悲惨を描いた有島生馬の『大震記念』が掛かっている。廃墟と化した街の空にはあちこちで煙が立ち上り、地割れした台地の上にはいくつもの死体が並んでいる。

キャンバス左に大きく描かれた、青い着物に白足袋を履いた女性は、歌人の柳原白蓮だ。ＮＨＫの朝ドラ『花子とアン』で女優の仲間由紀恵さん演じる葉山蓮子のモデルとされる。白蓮は九州の炭鉱王の伊藤伝右衛門と再婚したが、女癖の悪い夫との関係は冷え切っていた。やがて七歳年下の社会運動家の宮崎龍介と駆け落ちして出奔。そんなとき関東大震災に見舞われ、着のみ着のままで病床に臥せる龍介の元にたどり着く白蓮の様子まで描いているのは、なんとも興味深い。

有島生馬のこの絵には柳原白蓮のほかに、有島氏本人、画家の竹久夢二、作家の島崎藤村や里見弴、双眼鏡を手に現場に駆けつけた時の山本権兵衛首相の姿もある。ちなみに有島氏は作家の有島武郎の弟で、里見弴の兄にあたる。

そして首相の傍らには、きちんとスーツを着こんだ外国人紳士が立っている。赤い服を着た女の子の頭をなでるこの男性は、駐日ベルギー大使のアルベール・ド・バッソンピエール氏で、少女は有島氏の姪だという。というのは、ベルギーで「日本人救済委員会」を立ち上げたのはバッソンピエール大使の尽力によるもので、有島氏は外国の日本支援に対する感謝を表すため、象徴的な人物としてベルギー大使を登場させたのだった。

ところで第一次大戦から三年後の一九二一年、のちに昭和天皇となる裕仁皇太子は、当初のご予定のイギリスとフランスの二国に加えて、ベルギーも追加訪問された。この訪問が、第一次大戦の惨禍の余韻が残るベルギーへの弔問のためだったことを知ったベルギー国民は、皇太子の真心に感謝し、大歓迎したという。

その昭和天皇は、生前ヒドロ虫類の研究をされていた。天皇は相模湾で採取した二〇種類ほどを、当時ヒドロ虫類の世界的権威だったベルギーのユージェーヌ・ルルー博士のもとに送って鑑定を依頼された。その結果、新種が発見されたが、ちょうど第二次大戦が勃発したことで返還の機会が失われ、その後忘れ去られてしまっていた。ところが、最近その標本が七八年ぶりに見つかったという。

昭和天皇が標本をベルギーに送ったのは一九三六年のことで、そのときのベルギー大使はやはりバッソンピエール氏だった。現在、バッソンピエール氏の曾孫(ひまご)にあたるクリストフ・ド・バッソンピエール氏が公使参事官として駐日ベルギー大使館に勤務しているというのは、実に不思議なめぐり合わせだ。

世界一の児童文学作家、
M・エンデが焦がれた日本人

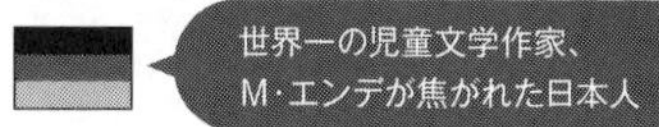

ドイツ

『モモ』や『はてしない物語』で世界を代表する児童文学作家に
のぼりつめたミヒャエル・エンデは、大の日本人びいきだった。
彼がイメージした『はてしない物語』に登場する空想の世界の王女は、日本
女性だったし、映画化したら監督は黒澤明と決めていた。時代をさかのぼる
「ショウグン」と「ミカド」に憧れたケンペル。日本女性を愛したシーボルト
日本人の正直さ、自尊心、教養を称えた考古学者のシュリーマンも、
みんな親日家のドイツ人だった。

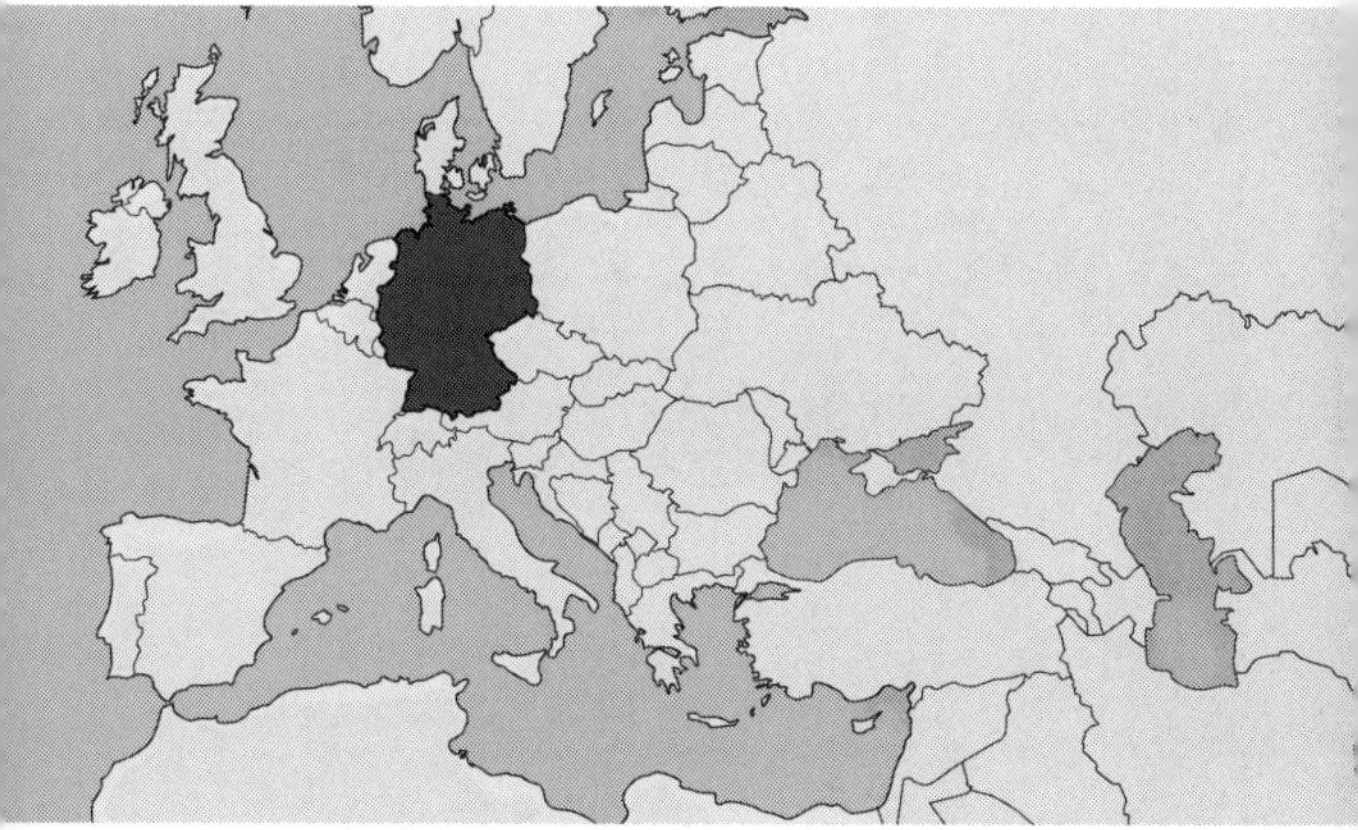

- ▶ 正式名称　ドイツ連邦共和国〈Federal Republic of Germany〉
- ▶ 首　　都　ベルリン
- ▶ 人口［順位］　8085.4 万人［18 位］
- ▶ 面積［順位］　357,022km²［63 位］
- ▶ 通　　貨　ユーロ
- ▶ 主な言語　ドイツ語
- ▶ 世界遺産　アーヘン大聖堂、ハンブルクの倉庫街とチリハウスを含む商店街　など

世界一の児童文学作家のエンデは親日家

数年前のある晩秋の夕暮れ、ミュンヘン市内にある墓地を独りさまよい歩いたことがある。ガイドブックの取材でミヒャエル・エンデのお墓を撮影しにいったのだが、いったい広大な墓地のどこに彼のお墓があるのかわからない。鬱蒼と木の茂る静まりかえった墓地で行き交う二、三人のドイツ人に尋ねても要領をえない。

とっぷり日が暮れて帰ろうとしたとき、ひとりの婦人とすれちがった。恐る恐るダメもとで「こんばんは、ミヒャエル・エンデのお墓をご存知ですか?」と声をかけると、「ほらそこよ」と足元を指さした。見ると闇のなかに、ひっそりと本を広げた形の青銅の墓碑がある。携帯電話の灯で照らすと、確かにエンデの名前と生・没年月日が刻まれていた。

『モモ』や『はてしない物語』がベストセラーとなり、世界を代表する児童文学作家になったミヒャエル・エンデも実は日本びいきだった。

一九二九年、エンデは南ドイツのバイエルン州に生まれた。幼い頃の特筆すべき思い出に、親友が肺炎で亡くなる悲しい出来事があった。エンデは八歳でこの世を去った太っちょの茶髪の友人を生涯忘れなかったという。

少年時代のエンデは、どちらかといえば出来の悪い生徒だった。ギムナジウム（日本の中学・高校に相当）の一年生のときに落第し、思い余って川に身を投げようとしたこともある。

また、一六歳のときに届いた召集令状を破り捨てて逃亡し、反ナチス運動に走ったのは、ナチスに協力しなかったことで「退廃芸術家」の烙印を押されたシュルレアリスムの画家の父を見て育ったからかも知れない。

そんなエンデがはじめて日本とかかわりをもったのは、一八歳のときのことだ。演劇に夢中だった彼は、戯曲に挑戦。処女作『時は迫る』は、ヒロシマに捧げたものだった。

その後三〇歳のときに書いたラジオドラマは、ラフカディオ・ハーンの怪談『牡丹灯籠』のドイツ語訳をもとにしたものだというから、潜在的に日本に魅かれるものがあったようだ。だが、残念ながらこのラジオドラマは不採用となった。

一九七四年に『モモ』でドイツ児童文学賞を受賞したエンデは、それから三年後に日本を初訪問する。このとき歌舞伎や能を鑑賞したり、禅宗の僧と対談したりしている。以前から禅に感心をもっていた彼は、「もちろん、どれだけ理解しているか自信はありません。しかし、もし『モモ』の中に、私と禅との関わりの跡を見つけ出してくださったなら、それは私にとって大変な喜びであり、また名誉でもあります」と話している。

また、ミヒャエル・エンデの名を不動にした『はてしない物語』は、『ネバーエンディング・ストーリー』（日本では一九八五年公開）というタイトルで映画化され話題となった。しかし、全体的に映画は彼のイメージと違っていたうえ、特に原作にない最後のシーンをめぐって、エンデはその部分をカットするよう告訴に踏み切った。というのは、主人公のデブでのろまのバスチアンが、ファンタージエン（空想の世界）の竜ファルコン（原作では「幸いの竜フッフール」）に乗って、現実世界のいじめっ子に仕返しするところが、どうしても許せなかったのだ。

　エンデがイメージしていたのは東洋風の竜で、映画に出てくるのは可愛らしい犬のような顔つきをしていたこともあるが、なによりストーリー自体が彼の考え方にそぐわなかった。そして、バスチアンは子どもの頃に病死した親友に重ね合わせた役柄だったからこそ、強いこだわりがあったに違いない。

　そういえば、エンデの墓碑のそばには『モモ』に登場する亀の「カシオペア」が置かれ、甲羅には「Heisse keine Angst（怖れるな）」という文字が刻まれていた。彼は特別な力を借りて強くなるのでなく、弱い自分を乗り越える怖れない心を描きたかったのだろう。

　エンデのこの映画に対する要望は、監督は黒澤明氏。役者はひとりを除いて全員ドイツ人というもの。そのひとりとはファンタジエン国の王女の「幼なごころの君」で、エンデには白い着物をまとった黒髪の日本人の少女という思い入れがあった。しかし、映画会社の契約書を見落としていたエンデは、残念ながら裁判に負けてしまった。

これに対して日本語版の『はてしない物語』（岩波書店）の装丁はあかがね色、なかの活字も赤と緑の二色刷り印刷で、バスチアンが読んでいた本と同じつくりになっている。そういった日本の編集者の配慮をエンデはことのほか喜んだという。

その後、妻を亡くしていたエンデは、六〇歳のときに日本人女性の佐藤真理子さんと再婚した。彼女はエンデの作品の日本語の翻訳者であり、初来日のときにガイドも務めていた。一九九一年、佐藤さんの故郷の長野県黒姫高原に黒姫童話館がオープン。ここには今は亡きエンデの原稿や挿絵など二〇〇〇点を超える品々が展示されている。

「ショウグン」と「ミカド」のいるユートピア

ドイツ人のエンゲルベルト・ケンペル（エンゲルベアト・ケンプファー）が、オランダ商館の医師として鎖国中に長崎へやって来たのは元禄三年（一六九〇年）のこと。ケンペルにとって、日本こそが自身の追い求めていたユートピアだった。

一七世紀半ば、ケンペルはドイツのハンザ都市レムゴーの牧師の家に生まれた。時代は、カトリックとプロテスタントとの争いが、のちにヨーロッパ全土を巻きこんだ「三〇年戦争」が終わってまもない頃。当時は魔女狩りが盛んで、地元でも多くの魔女が火あぶりにされ、ケンペルの伯父も魔女に協力した罪で死刑となった。海洋に目を転じれば、スペインとポルトガルに代わってオランダとイギリスが制海権を握り、アジアにおける植民地政策で巨大な富を独占していた。

やがて親元を離れ、ダンツィヒ（現ポーランドのグダニクス）で倫理学と政治学を収めたケンペルの卒業論文は「国王陛下の統治政策」。簡単に彼の理論を紹介すると、全民衆を統治する完全なる王権とは神から与えられた絶対的な権力で、統治者は民衆のために命がけで奉仕しなければならないというものだ。

このときの卒論のテーマと旺盛な冒険心とがあいまって、その後の一生を決定することになった。すでに医学や自然科学も学んでいたケンペルは、スウェーデンのアカデミー時代に国王が派遣する使節団に混じって、医師としてロシア経由でペルシャへ旅立つ。古代マケドニアのアレクサンダー大王に傾倒していた彼は、王や皇帝といった為政者を知ることでその国の過去の歴史を知り、未来を占えると考えていた。

スウェーデンでカール一一世に謁見したケンペルは、ロシアやペルシャでも皇帝と対面する機会をえた。ロシアではモスクワ大公アレクセイの死後、ピョートル一世と異母兄のイワン五世のふたりの皇帝が双方の側近の思惑に従って並び立っていた。

一方、ペルシャのサファビー朝のスライマーン（サフィー二世）は、酒と女に溺れて自堕落な生活を送っていた。政治への無関心から、悪知恵に長けた宦官（かんがん）がはびこり、またシャー（皇帝）の豪奢な宮廷生活を維持するために民は重税にあえぎ、王朝は滅亡への道をひた走っていた。

また、フランスには「太陽王」と自称し、絶対王政を確立したルイ一四世がいたが、贅の限りを尽くしたベルサイユ宮殿の建設費や戦費の調達、放漫財政に王の女性遍歴もたたって、次第に財政はひっぱくし国力は衰えていった。

東方には、領土拡張の野心からウィーン包囲を行って失敗し、その後大トルコ戦争に突入したオスマン帝国の皇帝メフメト四世。どれもこれもケンペルが理想とする為政者とはかけ離れていた。為政者とは本来そんなものであってはならないとの考えがあった。

その裏には、かつてネストリウス派のキリスト教徒がインドまで布教し、そこでキリスト教の国が興ったという「プレスター・ジョン伝説」が、ドイツを中心とするヨーロッパ中でまことしやかに囁かれていたこともあった。だからこそケンペルは東方に理想の国があると強く期待していた。そこでオランダの東インド会社を通じてインドにも足を延ばすが、そこにもケンペルが満足できるものはなかった。

そして、最後に「ミカド」と「ショウグン」の国に願いをかけた。ユートピアを探し求めて長崎の出島に赴いたケンペルは、二年間の滞在中に二度、徳川綱吉に謁見。そのとき綱吉の御前で歌やダンスを披露している。

類憐み（あわれ）の令」で犬を大切にしたことから、後世「狂犬将軍」や「お犬様」とも呼ばれ、その評価が大きく分かれる綱吉だが、ケンペルの見方は非常に好意的だ。「生類憐みの令」は動物だけに適用されるのでなく、その精神は当然人間にも及ぶと見る。というのは、捨て子が法律で禁止されていたばかりか、親が子どもを育てられない場合は、親に代わって役人が世話をする義務があった。妊婦と七歳以下の子どもの名前が登録されたのは、子殺し防止のためだった。乞食（こじき）や流民にも役人が食事や宿泊の世話をしなければならなかったし、牢内の囚人に対しても換気を気遣い、月に五回は風呂に入れるといった配慮があった。

「生類憐みの令」とは、現代風にいえば社会的弱者や貧困層を保護し、武士の「切り捨て御免」の特権を抑えて、生命尊厳を打ち出した画期的な法令だったというのだ。

ではケンペルは日本人全般については、どう見たのだろうか。彼が著した『江戸参府旅行日記』（斎藤信訳／平凡社）には、当時の日本人の美徳がぎっしり書かれている。

そのいくつかを紹介すると、まず住居に関して「家は杉や松の材木で建てられ、前から後ろへ風通しが良いように開け放すことができるので、大へん健康的な住居と考えてよい」とあるほか、「どんな小部屋もきれいに飾ってある」とヨーロッパ一きれい好きで住居にこだわりのあるドイツ人が、日本人の清潔な住環境を高く評価している。

また、「旅館の主人らの礼儀正しい応対から、日本人の礼儀正しさが推定される。旅行中、突然の訪問の折りにわれわれが気づいたのであるが、世界中のいかなる国民でも、礼儀という点で日本人にまさるものはない。のみならず彼らの行状は、身分の低い百姓から最も身分の高い大名に至るまで大へん礼儀正しいので、われわれは国全体を礼儀作法を教える高等学校と呼んでもよかろう」と目を見張る。

これは二一世紀の現代も同じで、日本を訪れたヨーロッパ人が最も感嘆するのは日本人の礼儀正しさだ。特にホテルやデパートでの対応が素晴らしいと口をそろえて絶賛するのは、職業訓練もさることながら、もともとの日本人の特質ゆえということになる。

そして日本人女性に対しては、「住民は均整がとれていて小柄である。ことに婦人に関しては、アジアのどんな地方でも、この土地の女性ほどよく発育し美しい人に出会うことはない」。しかも、いつもこってりと白粉を塗っているので、もしもその楽しげで朗らかな顔つきが生気を示すことがなかったら、操り人形だと思ったほどだとまで書いている。

さらに『日本史』では、「〝宗教的世襲皇帝〟の王朝は、キリスト以前の六六〇年がその始まりである。……この年からキリスト紀元一六九三年にいたるあいだ、すべて

Hydrangea Otaksa

同じ一族に属する一一四人の皇帝たちがあいついで日本の帝位についた」と日本の天皇制はキリスト教の歴史よりずっと古いと説明している。

ちなみに最初に英語で発刊された『日本史』は、のちにオランダ語・フランス語・ドイツ語にも翻訳されて、当時のベストセラーとなった。ゲーテ、カント、ヴォルテール、モンテスキューといったそうそうたる哲学者にも影響を与えている。

学生の頃に書いた論文をテーマに世界を旅し続けたケンペルは、ようやく日本に来て満足することができたのだった。

紫陽花のようなシーボルトの愛

ケンペルの来日から約一三〇年後の文政六年（一八二三年）、同じドイツ人医師のフランツ・フォン・シーボルトが長崎の出島にやって来た。なにを隠そうこのシーボルトも、ケンペルの著書『日本史』を予備知識として学んだひとりだ。

日本ではケンペル以上に有名なシーボルトだが、オランダ人だと誤解されている向きがある。彼がオランダ商館の医者だったことや、私塾兼診療所の「鳴滝塾（なるたき）」を開いて弟子に蘭学（西洋の学問）を教えていたこともその理由のひとつだ。

だが実は、当時はオランダ人しか入国できなかったため、シーボルト自身がオランダ人だと嘘をついていた。しかし、どこかオランダ語が変なので不審に思われ、「オランダの山地の出身なので、ちょっと訛りがある」などと言い訳していた。海を埋め立てて陸地にしている平らなオランダに山らしい山などないことなど、当時の日本人は知る由もなかった。

さて診療所の患者のなかに、楠本瀧という一七歳の女性がいた。出島に出入りできる日本人はごく限られていたため、瀧は丸山町の芸妓置屋から「其扇」という源氏名を借りて遊女になりすまし、出島でシーボルトと逢引を重ねた。

のちにシーボルトは、「わたしは素晴らしく可愛い日本人女性と結婚しました。今後、彼女以外の女性を妻に迎えることはないでしょう」と故郷に手紙を書き送っている。

また、医学のほか地理学と植物学にも通じていたシーボルトは、日本で一万二〇〇〇点の植物標本を作り、二三〇〇種の植物をヨーロッパに紹介している。そのなかに「アジサイ・オタクサ（Hydrangea Otaksa）」と命名した紫陽花がある。このオタクサは、彼が愛した「お瀧さん（オタキサン）」からとったという説が有力だ。

まもなく、ふたりの間にイネという女の子が生まれた。イネが二歳のとき、シーボルトの人生に転機が訪れる。帰国の際に、難破した先発の船の積み荷から国外持ち出し禁止の日本地図が発見され、シーボルトは国外追放処分となる。予定では三年後に帰国するはずだったが、それも叶わぬ身となってしまった。

しかし日本を去ったシーボルトは、四八歳のときに貴族出身のドイツ人女性と結婚し、三男二女をもうけた。やがて日本が開国して日蘭通商条約が締結され、シーボルトの追放令も解けると、今度は息子を連れて再び日本の土を踏んだ。

このときお瀧とおイネに再会を果たしたものの、その後シーボルトはふたりが雇った家政婦との間に子どもを作って悲しませる。若い頃、〝オタキサン命〟と誓ったシーボルトだったのだが……。確かに紫陽花の花言葉には、「辛抱強い愛情」のほか「移り気」「浮気」という意味もある。

その後、シーボルトの長男のアレクサンダーは、父が帰国した後もそのまま日本に滞在し、イギリス公使館の通訳となった。日本がはじめて出展したパリ万博に、徳川昭武の通訳として随行したのは彼だった。

また、次男のハインリッヒは日本人女性と結婚し、一男一女を授かった。小シーボルトと呼ばれたハインリッヒは、オーストリア＝ハンガリー帝国大使館に勤務する傍ら、考古学の分野でも成果をあげた。

かたやおイネはシーボルト異母兄弟の後押しで、一時、東京・築地に産院を開業。長崎に移ってからも産科医として働いたが、晩年は東京に戻って七七歳で亡くなるまでハインリッヒの世話になった。生涯、独身だったおイネは、未婚の母として娘を出産している。彼女の生涯は、テレビドラマ『オランダおいね』をはじめ小説や漫画にもなっている。

　ところでシーボルトの大著『日本』の第二章が『江戸参府紀行』（斎藤信訳／平凡社）に収められているが、これはシーボルトが商館長に同行して江戸まで上り、時の将軍の徳川家斉（いえなり）に謁見したときの旅行記だ。

　このなかで、「勤勉な農夫は自然の蕃殖力と競う。驚嘆すべき勤勉努力によって火山の破壊力を克服して、山の斜面に階段状の畑を作り上げているが、これは注意深く手入れされた庭園と同じで、旅行者を驚かす千年の文化の成果である」と、段々畑を日本人の努力の賜物と感心している。

　また、大名の家族に接したシーボルトは、「端正・礼儀作法と上品、心からの親切・誠実・誇りの影さえ見せぬつつましやかな教養などは、老候（薩摩藩主・島津重豪（しげひで））にも、子どもたちや夫人たちにもあらわれていた。これらすべては、教養あるヨーロッパ人の尊敬に値する特性である」と、上品な教養ある態度を絶賛している。

　産業革命後、資本家と労働者の対立を生み出したヨーロッパ社会と比較して、「日本には、測り知れない富をもち、半ば餓え衰えた階級の人々の上に金権をふるう工業の支配者は存在しない。労働者も工場主も日本ではヨーロッパよりもなお一層きびしい格式をもって隔てられてはいるが、彼らは同胞として相互の尊敬と好意とによってさらに堅く結ばれている」といって、日本には疲れきった貧困層がいないと目を見張る。

数十年前まで日本経済を支えていた年功序列や終身雇用の下地となるような素養が、江戸時代の日本人のなかにあったことがうかがい知れる。

そして治安の良さについては、「全国の財貨が集まる非常に重要な商業都市では、罪を犯す幾多の機会が生じる。それでも実際の犯罪者は稀であるということを、我々は日本人全体の名誉のために言っておかなければならない」という。

当時、シーボルトは大坂でさえ年間の死刑者は一〇〇人くらいのものだといって低い犯罪率を称賛している。このようにシーボルトが称えた日本人の徳性のうち、現代の日本人が引き継いでいるものは決して少なくないだろう。

日本人のなかに財宝を発見したシュリーマン

日本に魅せられた三人目のドイツ人は、子どもの頃にホメロスの英雄叙事詩『イリアス』を読んで、歴史上トロイアが実在したことを信じ、やがてトロイア遺跡を発見した考古学者のハインリッヒ・シュリーマンだ。生涯をかけて夢を実現させた彼のロマンを称える反面、功名心ゆえにのちに創作した美談ではないかといった見方もある。

『イリアス』と聞いてピンとこない人でも、「トロイア（トロイ）の木馬」は耳にしたことがあるだろう。巨大な木馬のなかに隠れたギリシャ兵がトロイア城内に潜伏し、相手の隙をついてまんまとトロイアの町を陥落させる物語だ。

このギリシャ神話に登場するトロイアが、フィクションではなかったことを証明したのがシュリーマンだった。しかしシュリーマンの偉業は有名でも、世界的な発見をする前の慶応元年（一八六五年）、彼が清（中国）を経由して日本までやって来たことはあまり知られていない。

語学に秀でていた彼は、音読による独自の丸暗記法で母国語のドイツ語のほかに、英語・フランス語・オランダ語・スペイン語・ポルトガル語・ギリシャ語・トルコ語など一八カ国語が話せたというが、さすがに中国語や日本語はできなかった。

彼は著書『日本見聞録』のなかで、日本と中国を比較している。シュリーマンが中国を旅して最も不快だったのは、市民が嘘をついてまで金を騙し取ろうとしたことだった。たとえば乗り物の料金は、後になって法外な金をふっかけられることがよくあった。大した額ではないが、騙されてばかりでいい加減うんざりしたようだ。

日本に着いたシュリーマンは、税関で荷物を広げるのが面倒なので、袖の下を使って穏便に通してもらおうとしたが断られた。このとき日本人の役人は、ワイロをもらって職務をないがしろにするような人間ではないと悟った。

また中国での苦い経験から、日本で渡し船に乗ったときは、自分から先に料金の数倍の金を払って無用なトラブルを避けようとした。すると船頭は「お客さん、これじゃもらいすぎですよ」といって、余計な金を全部返してきた。シュリーマンは、あまりに日本人が正直なので驚いた。

今も日本でショッピングをする外国人（特にラテン系やスラヴ系のヨーロッパ人）は、一円までお釣りが戻ってくる日本の明朗会計に感心したり、あるいはあまりの細かさに失笑してしまったりする。いずれにせよ正確さや正直さという点では、ヨーロッパではドイツ人の右に出るものはいない。そのシュリーマンを当時の日本人は感服させたのだった。

さらに外国人の身の安全をはかって、シュリーマンには護衛の武士がついたが、決してお礼を受け取ろうとはしなかった。彼はたとえ感謝の気持ちからであっても、金を贈ることは侮辱（ぶじょく）することであり、相手も金を受け取るくらいならむしろ切腹するのが日本の武士というものだと領解する。

今日、日本を旅行するヨーロッパ人は、ホテルやレストランの従業員・タクシー運転手にチップを払おうとする。するとにこやかに「チップは受け取らないことになっておりますので」という言葉を聞いて、最初はけげんな顔をする。しかし慣れてしまえば、これほど気持ちのいいサービスはないとわかる。

また、買い物に行ったシュリーマンはこうも綴（つづ）っている。「もし文明という言葉が物質文明をさすなら、日本人はきわめて文明化されていると答えられるだろう。なぜなら日本人は、工芸品において蒸気機関を使わずに達することのできる最高の完成度に達しているからである」と。

シュリーマンは、蒔絵（まきえ）の漆器・壺・象牙細工・刀・木彫りなどを売る店を見て感激した。陶器はフランスのセーブル陶器に勝るとも劣らず、絹織物の品揃えの豊富さはパリの最も大きな店と比べてもそん色ない。また玩具は値段が安いうえに仕掛けが極めて巧妙で、ドイツ随一のニュルンベルクの職人でも太刀打ちできそうにないと書いている。この頃から世界最高の日本人の職人芸が見てとれる。

しかも「教育はヨーロッパの文明国家以上にも行き渡っている。シナをも含めてアジアの他の国では女たちが完全な無知のなかに放置されているのに対して、日本では、男も女もみな仮名と漢字で読み書きができる」と誉めたたえている。

六年後にトロイア遺跡を発掘したシュリーマンは、それに先駆けて日本人のなかに正直・誠実・自尊心・技術・教養などの財宝が埋蔵されていることを発見したのだった。

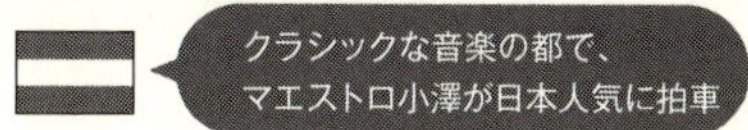

オーストリア

〝世界一暮らしやすい都市〟に5年連続1位に選ばれたウィーンは、地図で見ると日本の皇居や花のお江戸に形がそっくり。

古い物を大切にする気質も日本人とよく似ている。

日本人への信頼は厚く、日本人の長所に伝統・文化を大切にすること、勤勉さ、創造力をあげ、日本との友好関係を重視する。

容易に新しい物を受け入れない人々は、かつては生魚を使った寿司を怖がっていたが、今では和食も漫画もＴＶゲームも楽しむ。

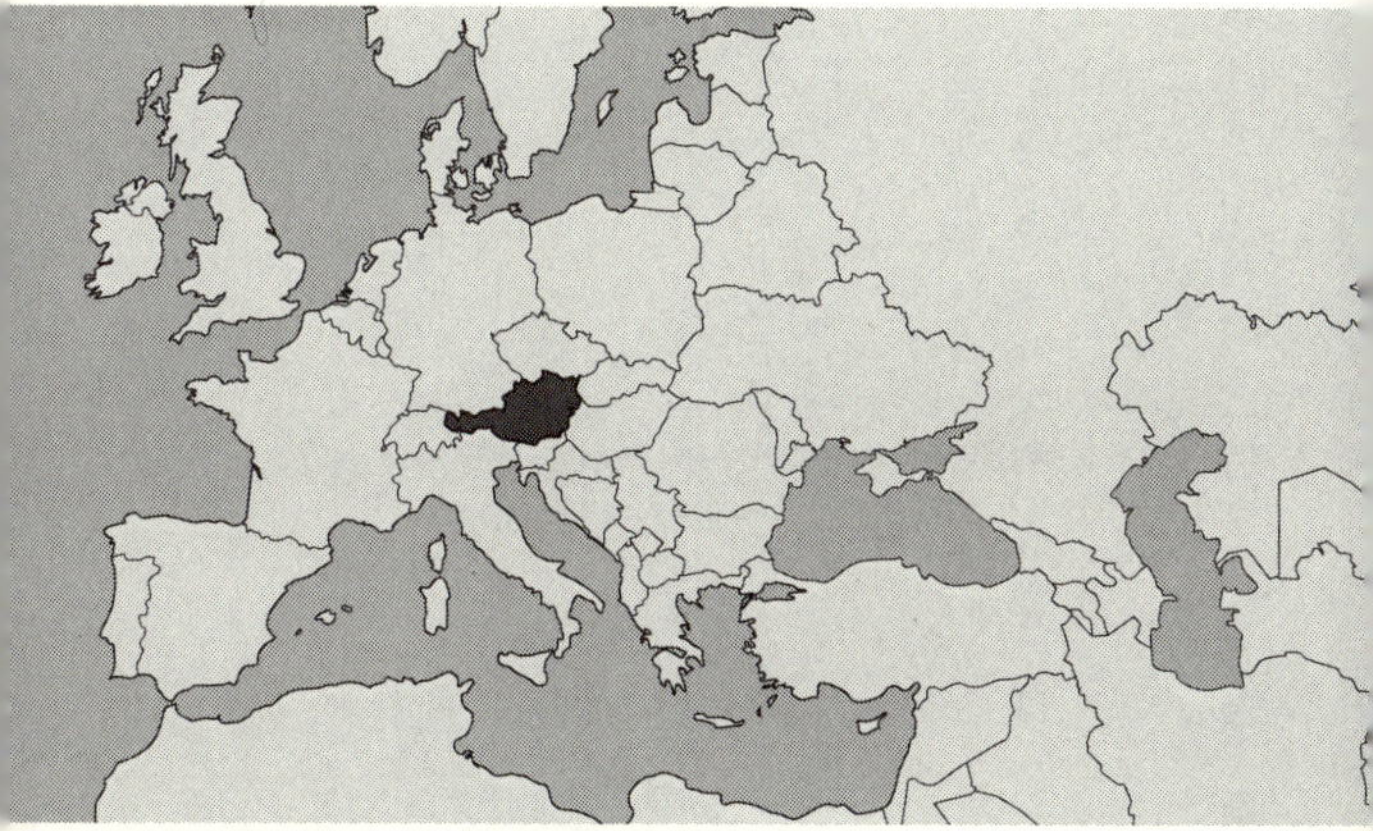

- ▶ **正式名称**　オーストリア共和国〈Republic of Austria〉
- ▶ **首　都**　ウィーン
- ▶ **人口［順位］**　866,5万人［95位］
- ▶ **面積［順位］**　83,871km^2［114位］
- ▶ **通　貨**　ユーロ
- ▶ **主な言語**　ドイツ語
- ▶ **世界遺産**　ザルツブルク市街の歴史地区、アルプス山系の先史時代杭上住居跡群　など

花のお江戸と帝都ウィーン

かつてヨーロッパ最大の版図を誇った〝日の沈まぬ国〟ハプスブルク帝国の都だったウィーン一区は、地図で見ると日本の皇居や江戸に形がそっくりだ。

当時、帝都は高い城壁に囲まれ、その周囲にドナウ川から水を引いたお堀があった。跳ね橋を渡ると、宮殿や王家のための劇場、教会、墓所、馬場、図書館、庭園のある一画に続いて、パン屋通り（Bäcker str.）、肉市場（Flischmarkt）、布アーケード（Tuchlauben）など、市民がにぎやかに暮らした跡が通りや広場の名前に残されている。

一方、日本は徳川家康が幕府を開き遷都すると、海を埋め立て隅田川から江戸をぐるりと一周する水路をつくり物資流通網とした。江戸八百八町といわれたが、呉服町、青物町、南大工町など、昔の町名にはそこで暮らしていた人々の職業がしのばれる。

当時、ウィーン（現ウィーン一区）の面積は約二・八八平方キロだったのに対し、江戸は約一五・七平方キロと五倍以上の広さで、一八世紀の初頭にはロンドン、パリ、ウィーンをしのぐ世界最大の人口一〇〇万都市だった。

残念ながら東京は、大正一二年（一九二三年）の関東大震災や第二次大戦中の東京大空襲で破壊され、昔の面影は皇居あたりに限られる。一方ウィーンは、皇帝フランツ・ヨーゼフ一世がハプスブルク帝国終焉(しゅうえん)を予見していたかのように、一九世紀末に当代随一の建築家の才能を結集させて劇場・博物館・国会議事堂・市庁舎などを建造し、今の世界的な観光都市のもとを築いた。ウィーンの街並みは、〝最後の皇帝〟が未来の国民へ遺(のこ)した美と歴史の贈り物なのだ。

ウィーンの街を歩けば、辻々(つじつじ)にモーツァルトが演奏会を行った宮殿、ベートーヴェンが作曲したお屋敷、シューベルトの生家に出くわす。意外な場所で「ハイドンもこの二階に住んでいたよ」とウィーンっ子に耳うちされる。街のたたずまいは、豪奢(ごうしゃ)で洗練されているだけでなく、都心でも草花が咲きほこる公園があちこちにあり、至るところに人生を謳歌(おうか)する空間が広がっている。さすが、「世界一暮らしやすい都市」（二〇一四年「マーサー」社調査）に五年連続で第一位に選ばれただけのことはある。

クラシックなウィーン住宅事情

一九九一年、東京からウィーンに移り住んだ私たちは、歴史ある街並みに心の底から圧倒された。石畳の小路はランタンのほのかな光に照らされ、パッカパッカと馬車のひずめの音が響く。クラシックの調べがどこからともなく流れてくる古い街角では、赤い服をまとった白いかつらのモーツァルトが今にもひょっこり現れそうだ。

ウィーンでようやく見つけたアパートは、「アルテ・ボーヌング(古い住居)」と呼ばれる旧式の建物だった。ベッドをはじめ家具、家電製品、鍋や食器などが備えつけのところで、なにも買わなくてすむので大いに経済的だった。だが、ベッドのスプリングも古式ゆかしく、ゲルマン人好みの木製のタンスは、扉を開けるたびにギーコーと音がするうえきちんと閉まらない。かといってアンティークというほど芸術的でもないのが惜しかった。

極めつけは、なんとバスタブがキッチンの調理台の横にあった。お風呂のない時代に建てられた名残りとかで、狭い浴槽のなかで身体をかがめてシャワーを浴びる。小さなタンク式湯沸かし器でお湯を沸かすので、お風呂は先着一人様。一度お湯を使ったら、次は三〇分以上待たねばならない。

冷蔵庫が壊れたと大家さんに連絡すれば、明るい声で「すぐに新しいのを届けましょう」と即答された。「家具つき」が条件の賃貸アパートなので、それを常に満たすのが大家さんの務めなのだ。ウィーン人らしからぬ、気さくで働き者の大家さんにありがたや～と思っていたら、運ばれてきたのは前と似たりよったりのワンドアの中古品だった。やはり大家さんは、伝統と古いモノを大切にするオーストリア人気質のもち主なのだ。昔は日本でも、桐のタンスは何代にもわたって使われたし、着物も洗い張りや染め替えして祖母から母へ、また母から娘、そして孫へと大事に引き継がれたものだった。

ところで、ウィーン暮らしで一番苦労したのが冬場の暖房だったろうか。同じウィーンでも「ノイエ・ボーヌング（新しい住居）」は全館セントラルヒーティングで、ある程度寒くなると自動的に建物全体が暖房される。当然エレベーターはあって、キッチンとバス&トイレは別々。バスとシャワールームの両方があるアパートも少なくない。

しかし、我が家は居間の中央にセラミックの暖炉がドーンとあって、秋風が吹く頃になると、木のチップス、薪、石炭と何種類かの燃料を近くのスーパーから運んで冬仕度をする。朝起きたら、まず火を起こしてストーブを焚くという作業が毎日の日課となる。こんなクラシックな様式は、シェーンブルン宮殿の暖房と変わらない。そのため、普段の鼻歌はシュトラウスの『ウィーン気質』でも、このときばかりは「哀しみを暖炉で燃やしはじめて～」と森進一の『襟裳岬』（作詞岡本おさみ）が口をついて出るのだった。

古都の一見優雅に見える暮らしの陰には、毎年煙突掃除屋さんの力を借り、重い燃料を背負ってらせん階段の途中でゼエゼエと息を切らし、不便な生活を甘受する「ウィーン気質」があるのだと納得した。

オーストリア人の日本人への絶対的信頼

オーストリア国民（一六歳以上一〇一二名）を対象にした対日世論調査（二〇一三

年日本の外務省実施）では、「日本は信頼できる国か」との問いに七〇パーセントが「信頼できる」と回答。逆に「信頼できない」と答えたのはわずか九パーセントなので、圧倒的な信頼感といえる。「オーストリアにとって日本との友好関係は重要か」では、予想を超える七七パーセントもの人が「絶対に重要」あるいは「重要」と回答した。

また「日本人の良い面」は、「勤勉（八六パーセント）」「伝統・文化を大切にする（七一パーセント）」「創造力がある（四〇パーセント）」が上位を占めた。他方、「関心のある日本の文化・芸術」では一位が盆栽（三八パーセント）で、二位の空手や柔道などの武道（二八パーセント）を上回った。アルプスを擁する森林の国の人々は、緑に関心が高いようだ。

そういえば日本に造詣の深かったフランツ・フェルディナンドも、ウィーンに日本庭園を造らせたことがあった。彼は、第一次大戦の引き金となったサラエボ事件で暗殺された皇帝フランツ・ヨーゼフ一世の皇位継承者で、世界史の授業では「皇太子」と習った御仁だ。

皇帝と皇妃エリザベート（通称シシィ）のひとり息子ルードルフ皇太子がマイヤーリンクの狩猟の館で情死（一説には暗殺）すると、皇帝の実弟のカール・ルードヴィッヒが皇位に就くのを断ったため、その息子のフェルディナンドにお役目が回ってきたのだった。

彼は第一皇位後継者となってから、後学のため世界一周の旅に出て、明治二六年（一八九三年）八月の暑いさかりに日本に約三週間滞在している。本当はお忍びで遊行したかったらしいが、それも叶わず岸壁には歓迎の人々が待ち構えていた。船が長崎の港に近づくと日本軍の音楽隊がオーストリア国歌を奏で、返礼にオーストリア側も日本国歌を演奏するという粋な計らいを見せた。この訪日でフェルディナンドは明治天皇・皇后両陛下に謁見して歓待を受けているから、オーストリアはヨーロッパ諸国のなかで最も早く皇室同士の交流がはじまった国でもある。

このフェルディナンドの『日本日記』には、当時の日本の面積や人口、日本の軍艦の数・重量・馬力、艦砲や乗組員の数までことこまかに記述されている。また、木と紙でできている日本の家屋はなかが丸見えだと驚き、さらに女性が化粧し髪を結う姿まで観察している。彼は日本の急速な西洋化をむしろ残念がったようだが、「日本の清潔さと快適さに感動した」と書いている。そして、日本の少女を「エヴェの娘たちの中で最も美しい」と、世界一の美女と称えている。

だが、普通のオーストリア人が日本文化と出会ったのは、これに先立つ一八七三年開催のウィーン万博のときだった。日本政府としてははじめての万博参加で、蒔絵や漆塗り器、三味線・琴・琵琶などを展示。パビリオンの建設には、日本から庭師や職

Ozawa

人が準備のために渡墺(とおう)し、庭石や石灯籠(いしどうろう)に池もある本格的な日本庭園が好評を博した。このとき、日本代表団として岩倉具視一行が約二カ年の欧米旅行中でウィーンを訪問し、皇帝主催の晩餐会でフランツ・ヨーゼフ一世の妃エリザベータの隣の席に座ったとの記録がある。

一九世紀末、当時ヨーロッパで流行した〝ジャポニスム〟が、ウィーン万博を機にオーストリアにも波及したことは、ウィーン分離派のグスタフ・クリムトの作品にも見てとれる。オーストリアを代表する画家のクリムトは着物を蒐集するほどの日本びいきで、尾形光琳の屏風(びょうぶ)絵に影響を受け、金箔(きんぱく)、花紋ちらし、藤、渦(うず)巻きなど浮世絵と同じ手法を用いている。

一方、〝画家の王〟と呼ばれファッションも手がけた総合芸術家のハンス・マカルトは、胸を露わにした西欧女性のモデルにかんざしと帯をつけさせて、『日本娘』というタイトルの絵を描いた。また、デザイナーとしても有名なコロマン・モーザーは『三人の女性の屏風』という絵を残している。

二一世紀ウィーンの日本文化

『第三の男』『会議は踊る』『サウンド・オブ・ミュージック』など、オーストリアを舞台にした世界的な映画は多い。だが日本人に馴染(なじ)みが深いのは、『男はつらいよ寅次郎心の旅路（第四一作）』の方かもしれない。「湯布院」とウィーンを間違えて安請けあいし、同行する羽目になった寅さんが、ウィーンで竹下景子扮するツアーコンダクターに惚れるというストーリーで、寅さんとマドンナは王宮庭園のモーツァルト像のあたりで出会う。

随所にウィーンの街の魅力が描かれて、映画『第三の男』へのオマージュ場面ではクスリと笑えるこの映画は、もともと日本通を自認する当時のウィーン市長が飛行機のなかでたまたま観た『寅さん』映画に感激し、「次は是非ウィーンでも！」と熱烈なラブコールを送ったことで実現したものだ。

ところで、一九世紀末に日本に憧れを抱いたウィーンの人々は、今またちょっとした日本ブームに沸いている。

私がかの地に暮らした二〇世紀末、オーストリア人は古いものを大切にし、頑固に伝統にこだわる姿勢を貫いていた。逆に新しいモノは簡単に受けつけず、日本では簡単・便利・早いという台所の必需品である電子レンジも、その存在はほとんど否定されていた。「そんなもの必要ない」と、友人・知人でもっている人は皆無だったから、普及率は相当低かったはずだ。世界中どこにでもあるファストフードチェーン店のマクドナルドの進出に、反対運動が起きたのもちょうどその頃だ。

また、第一次大戦の敗戦で海を失ったオーストリアは新鮮な海の食材が乏しいうえ、生魚を食べる習慣がなかったため、ウィーン人は和食を代表するお寿司を怖がっていた。ところが昨今、あのかたくなな人々が大きく方向転換した。かつて日本食レストランはウィーンに数えるほどしかなかったのに、今は「アカキコ」という中国系の寿司店がチェーン展開して、日本食の代名詞にまでなっている。メトロの主要駅前にはきまってヤキソバ、テリヤキ風味の炒め物、海苔（のり）巻きの寿司スタンドがあって、おもち帰り用も人気だ。

もちろん日本の漫画や任天堂のゲームも、しばらく前にオーストリアに上陸した。日本で七〇年代に流行ったインベーダーゲームにウィーンの少年少女たちが夢中になっている姿は、なんとも不思議な光景だった。

しかし、一九世紀末以来、オーストリア人が再び大きく日本の文化や日本人を見直して、尊敬のまなざしを送るようになったのは、ウィーン国立歌劇場で音楽監督を務めた（二〇〇九－二〇一〇年）小澤征爾（せいじ）氏の存在が大きいだろう。毎年、ニューイヤーコンサートでウィーン・フィルハーモニー管弦楽団の指揮をとるのは世界最高峰のマエストロの証しで、小澤氏は二〇〇二年に日本人としてはじめてその大役を務めた。

ベルリンやロイヤル・コンセルトヘボウ（オランダ）と並び、世界三大オーケストラに数えられるウィーン・フィルだが、特にオーストリア人には音楽に対し並々ならぬ自負がある。それゆえ「アジア人にはクラシックはわからない」とか、「シュトラウスの独特の四分の三拍子のワルツはウィーン子にしか刻めない」などと御託を並べていた。

しかし、小澤氏がニューイヤーコンサートで指揮棒をふってから本場のクラシックを堪能しようと、楽友協会やウィーン国立歌劇場（オペラ座）などの演奏会をお目あてにオーストリアを訪ねる日本人観光客の数は倍増。すると音楽に敏感な人々から日本人鑑賞者のレベルの高さや模範的なマナーに感嘆の声があがった。しかもお土産グッズの購買力もあることに気づいたらしく、ますます日本人への好感度はアップした。さらに二〇一〇年、小澤征爾氏にウィーン・フィルから名誉団員の称号が贈られたことで、日本人への信頼はいっそう高まった。

これに加えて、近年、国立歌劇場のオペラ歌手やバレリーナ、また伝統あるウィーン少年合唱団でも日本人の活躍の舞台が広がっている。

国交樹立 150 周年。
日本のため拉致問題の仲裁に入る

スイス

日本と縁の深いブルカルテール大統領は、
150 年前に修好通商条約を結んだ連邦議員と同郷の出身。
故郷は日本の愛知県新城市と交流があることもあって、
北朝鮮の拉致問題の仲裁役を買って出るほどの親日家だ。
東日本大震災後、スイスから日本への旅行客が激減。
スイスの旅行代理店勤務のコーラ氏は日本の安全性を証明するため、
自ら広告塔になり徒歩で日本縦断の旅を敢行。友好史に新たな 1 ページを加

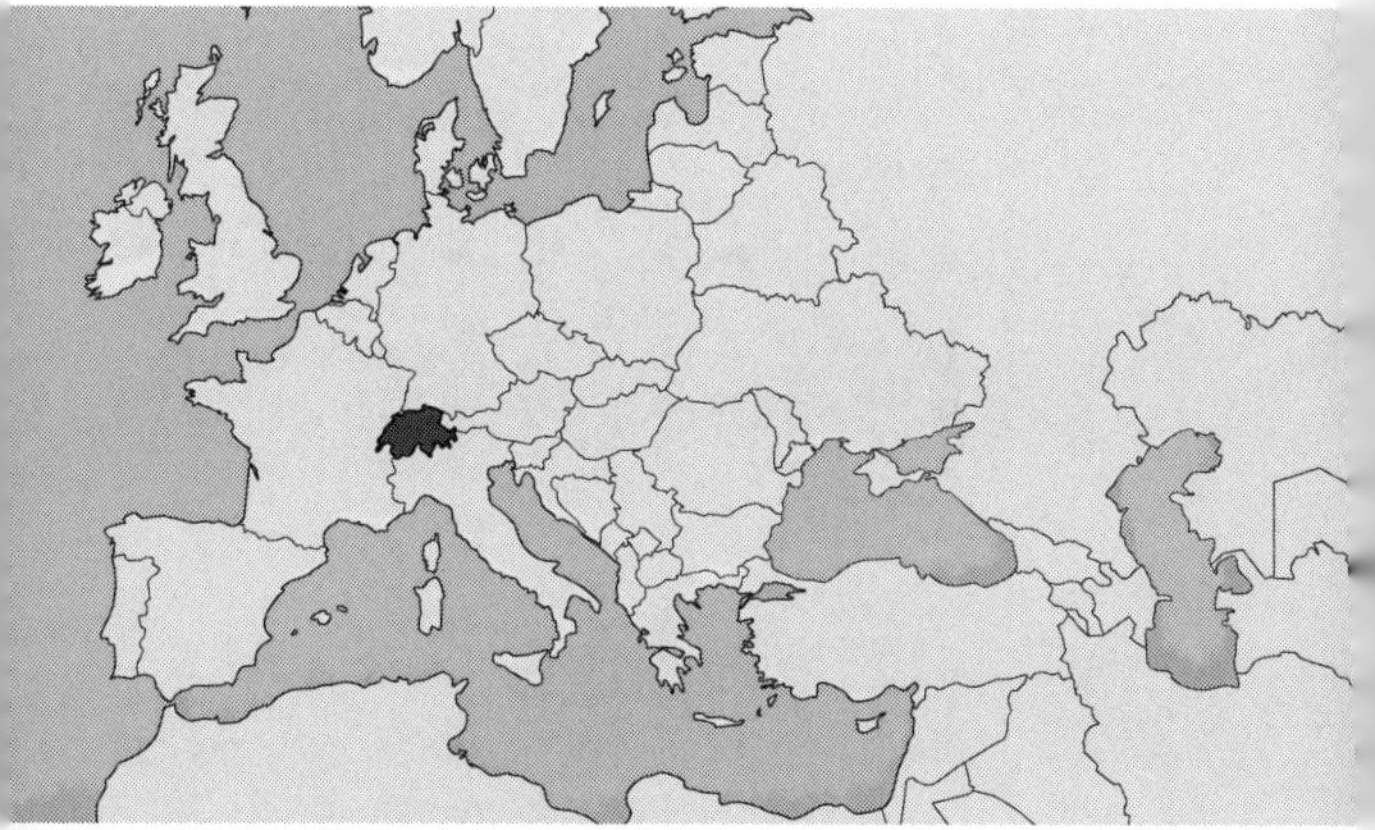

- ▶ 正式名称　スイス連邦〈Swiss Confederation〉
- ▶ 首　都　ベルン
- ▶ 人口［順位］　812.1 万人 [97 位]
- ▶ 面積［順位］　41,277km²[136 位]
- ▶ 通　貨　スイス＝フラン
- ▶ 主な言語　ドイツ語、フランス語、イタリア語、ロマンシュ語
- ▶ 世界遺産　ベルン旧市街、アルプス山系の先史時代の杭上住居跡群　など

日本と縁の深いブルカルテール大統領

二〇一四年二月、スイスと日本はまる一五〇年の友好を祝した。この大事な行事に合わせて訪日したのは、スイス側の「スイス・日本国交樹立一五〇周年」名誉総裁であり、親日家のディディエ・ブルカルテール大統領だ。

国交樹立一五〇周年とは、一八六四年二月六日にスイスのエメ・アンベールが遣日使節団の団長として派遣され、徳川幕府と修好通商条約を結んだ歴史にさかのぼる。ヌーシャテル州出身の連邦上院議員であり、時計製造者協会の会長でもあったアンベールは、オランダの軍艦「メデューサ」号に乗って、スイス名産の時計と繊維製品を売り込みにやってきたのだった。それからスイス時計は、二〇世紀初頭まで日本の市場をほぼ独占することになる。

さて、ブルカルテール大統領は六本木ヒルズアリーナでのイベント「スイス・デイズ」のオープニングで、「今回スイスの外交団の長として来日した私は、ヌーシャテル州の出身。一五〇年前の使節団長、エメ・アンベールもヌーシャテル州の出身だった。この偶然の一致に特に喜びを感じている」とあいさつした。『スイス・インフォ』（外国向けにスイスのニュースや情報を発信するウェブサイト）によれば、ブルカルテール氏はすでに一九九八年にヌーシャテル市長として、愛知県新城市を公式訪問したことがある。

ヌーシャテルの「ヌー」とはフランス語で「新しい」、「シャテル」とは「城」を意味することで、新城市は世界中から「新しい城」という名の五二の自治体を見つけて、そのなかから八つを招待。その後二〇〇〇年にヌーシャテル市では第二回サミットを開催したというから、ブルカルテール氏はよくよく日本と縁が深い。

また、大統領はスイスと日本の間にいくつもの類似性を見い出す。アルプスの山々の夏祭りで毎年行われる一〇〇年の伝統を誇るシュヴィンゲン（スイス相撲）は、直径一〇メートルのオガクズを敷き詰めた土俵の上で、Tシャツに半ズボン姿のふたりの男が組み合い、地面に背中がついたら負けというルールだが、確かに日本の大相撲とよく似ている。

そのほか両国にはたくさんのハイレベルな技術労働者がいて、最新テクノロジーを生かした産業が発達していることにも注目する。事実、日本からスイスへの輸出品は自動車、非鉄金属、医薬品、化学製品、電気機器、一般機械で、逆にスイスから日本への輸出品は医薬品、化学製品、一般機械、科学光学機器、電気機器と、産業構造も似ている。

さらにブルカルテール大統領によれば、国連決議案で九五パーセントまで同じ立場を表明している両国は、多くの点で同じ価値と目的を共有しているというのだ。その共通する価値観とは、勤勉、高い質を追求する情熱、信頼、正確さ、革新だという。

ところでスイスは小さな人権大国として世界に知られる。当然、ブルカルテール大統領も人権の闘士で、このとき日本の政治家にも死刑制度の廃止を訴えた。同時に、北朝鮮による日本人拉致問題も真剣に考え、要請があれば北朝鮮との対話の調整役を務めてもよいと仲介役を買って出てくれたのだった。

献身的な日本への人道援助

ブルカルテール大統領の訪日から四カ月後の二〇一四年六月、今度は日本側の「日本・スイス国交樹立一五〇周年」名誉総裁である皇太子徳仁(なるひと)親王がスイスに招かれた。皇太子殿下は大統領の故郷のヌーシャテル市のレセプションで、三〇年前のスイス訪問の思い出の後、スイスの人道援助についてスピーチされた。

まずは、原爆投下後に赤十字国際委員会から派遣された〝ヒロシマの恩人〟といわれるマルセル・ジュノー博士について。ちなみに、赤十字社はスイス人実業家のアンリ・デュナンの提唱(ていしょう)で創設されたことで、赤十字のマークはスイス国旗とは反対の白地に赤のデザインになっている。

日本に到着するや、広島の惨状を聞いたジュノー博士は、マッカーサー総司令官に占領軍が医薬品を供給するよう掛け合う。だが、原爆の被害を絶対秘密にしておきたかった米国は、情報漏れを怖れて許可しようとはしなかった。

それでも博士は食い下がった。博士には、第二次大戦中にロシア人とポーランド人捕虜に会うため、ドイツ占領下のパリに赴いた経験があった。ドイツ軍に面会を断られた博士は、なにを思ったか、手元にあった糸を使って手品を披露。そして「もしあなたがたに同じことができたらあきらめるが、できなければ捕虜に会わせてほしい」と申し出て、強引に捕虜との面会を勝ち取った。

苦しむ人を見殺しにできない天性の医師としての性分に、機知と勇気を兼ね備えた博士は、交渉の末、マッカーサーから一五トンの医薬品をもらって自らも広島へと向かう。このとき「最初でただひとりの外国人医師」は医療活動も行い、そのお陰で一万人以上の日本人の命が救われた。その偉業を称え、広島平和記念公園に博士の記念碑が建てられた。

続いて皇太子殿下はジュノー博士への感謝のお言葉の後、東日本大震災の直後に救助犬といっしょに駆けつけたスイスの救助隊についてもお礼を述べられた。

二〇一二年四月、津波で壊滅的な被害をこうむった宮城県女川町にある女川町立病院は、スイス赤十字社やスイスの財団などからの総額二二〇〇万フラン（約二二億円）の援助金により、女川町地域医療センターとして蘇った。

女川町長は、竣工式で「スイス国民から寄せられた善意は、本センターの再建に象徴されています。女川町民は決して忘れず、永遠に語り継がれるものでしょう」とあ

伝
承

いさつ。この席にスイス大使とともに参列したスイス赤十字社のヒューラー国際部部長は、震災後にスイス赤十字社の電話が鳴りやまないほど、国民から支援の申し出があったことを明かした。

その一方で、人一倍環境意識が高く警戒心の強いスイス人は、日本の放射能汚染を過剰に怖れて日本行きを控える動きが目立った。それで最も打撃を受けたのが、旅行代理店だった。社内で日本担当をしていたトーマス・コーラ氏もそのひとりで、日本のパック旅行はキャンセルが相次ぎ、とうとう職場を解雇されてしまった。

「原発事故ばかりの情報が流れてくるけど、日本全国が危険なわけじゃない」と、日本には安全なところがたくさんあることをスイス人にわかってもらおうと、日本縦断旅行を思い立った。はじめに宮城県石巻市に向かったコーラ氏は、がれき撤去のボランティアに参加。そこから北海道に向かい、最北端の宗谷岬から鹿児島県の佐多岬まで、巡礼者のように全長二九〇〇キロの道のりを五カ月かけて歩き通した。一四キロの重い荷物を背負っていたことで、途中、膝(ひざ)を痛めて弱音を吐きそうになったが、「日本人が立ち上がろうとしているのだから、僕も立ち上がらなければ」と自分を奮い立たせた。

コーラ氏の日本行脚は、その後ドキュメンタリー映画『Ｎｅｇａｔｉｖｅ：Ｎｏｔｈｉｎｇ（全てはその一歩から）』となって、スイスや日本で上映された。現在、日本専門の旅行代理店を立ちあげ、顧客の評判もよくビジネスは順調とのこと。

　コーラ氏は体を張って日本の広告塔となって、スイスと日本の一五〇年にわたる友好史に新たな一ページを加えたのだった。

日本の心を極めた〝青い目の琵琶法師〟

「祇園精舎の鐘の声、諸行無常の響きあり。娑羅双樹の花の色、盛者必衰の理をあらはす。おごれる人も久しからず、唯春の夜の夢のごとし」

　有名な平家物語の冒頭の一節だ。低音でよく通る品格のある声。外国人特有のアクセントはない。紋付きはかま姿で琵琶を抱きかかえるシルヴァン・旭西・ギニャール氏は、日本人以上に日本人の心を知る〝青い目の琵琶法師〟と呼ばれる。

　父はキュービスムの画家、母は文化評論家、祖母は著名なピアニストという芸術一家に生まれ育ったギニャール氏は、七歳のときに祖母からピアノの手ほどきを受けた。だが、祖母は「あなたは才能はあるけど、頭がいいから音楽学をやりなさい」と。アドバイスに従って、チューリヒ大学では音楽学を専攻。そのとき日本学や民族音楽も学んだ。

　専門はショパンの研究だったが、東洋音楽史の日本人の先生の「琵琶はあまり人気がないので、琵琶にしてみたら」という勧めで琵琶を知り、日本に留学することを決意。

しかし、若い頃にパリに留学していた父親が買った歌川国貞の浮世絵版画を見て幼年時代を送ったギニャール氏は、潜在的に日本への興味を抱いていたのかもしれない。

留学先の大阪大学大学院で学ぶかたわら、琵琶奏者で人間国宝の山崎旭萃（ぎょくすい）女史に師事する。一般的に琵琶の起源はペルシャとされ、シルクロードを経由して中国から奈良時代に日本へ伝わり、すでに約一三〇〇年以上が経っている。その間、平家琵琶、薩摩琵琶など独自の発展を遂げて、明治から大正にかけて大流行した。師匠が伝授する筑前琵琶は、伝統の琵琶に改良を加えた比較的新しい種類だった。

当時、山崎女史は七八歳。日本語もままならないギニャール氏は、二〇〇六年に逝去するまで、師匠について芸を極めた。中世の吟遊詩人（ミンストレル）がヨーロッパで絶滅してしまったのは、個々人が自由気ままにやっていたため、引き継がれることなく一代限りで消えてしまったからだという。しかし、氏は日本で「伝承する、または極める道」を師匠から教えられた。

指導を受けてから六年後、「この曲の演奏について、私はもうなにもいいません。これからは私を真似るのでなく、あなたならではの作品にしてください」と師匠はいった。それから本当に納得のゆく演奏ができるようになるまで、二〇年かかったという。

ギニャール氏は、スイスの実家に里帰りすると、いつも父親の前で琵琶を弾いた。その度に父から、「う〜ん……」「それで、これからどうしますか？」とダメだしをくらった。そんな父親が亡くなる前に「あなたの芸術は、体と精神がひとつになって完成されている」とはじめて誉めて、この道に進んでよかったといってくれた。それは息子が日本人以上に日本人の心を体得したことを認めてくれた父親からの合格証だった。

最初に日本の土を踏んだ西欧人、
470 年にわたる友好関係

ポルトガル

キャラメル、コンペイトウ、ビスケット、ボーロ。
どれもポルトガル語をルーツとする言葉だ。
だがポルトガル伝来の菓子の王様といえば、やはりカステラ。
しかし、意外なことにポルトガルには日本のような黄色い
ふわふわしたカステラはない。
日本にカステラを伝えたのは、キリスト教を命がけで布教した宣教師だったが
このなかには棄教して日本人になった者もいた。

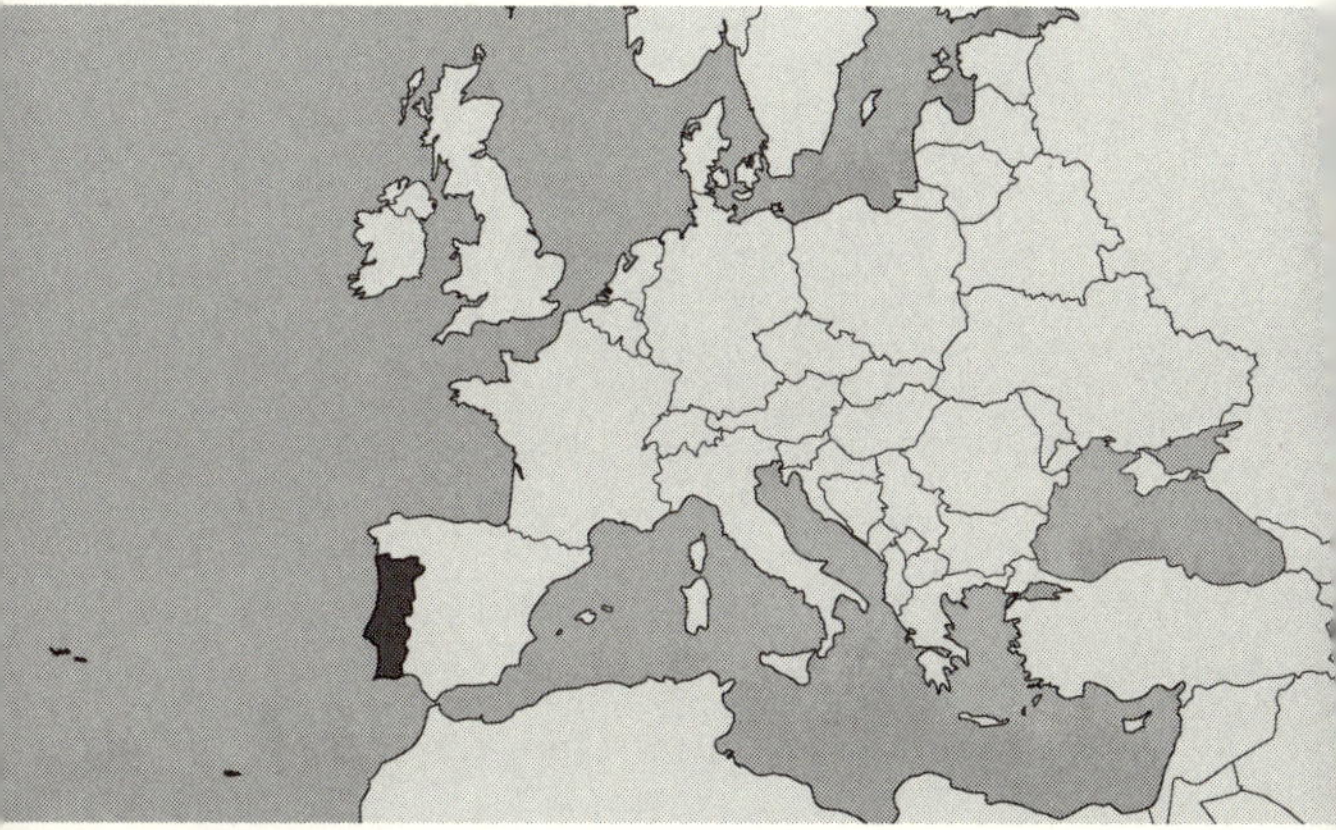

- ▶ 正式名称　ポルトガル共和国〈Portuguese Republic〉
- ▶ 首　　都　リスボン
- ▶ 人口［順位］　1082.5 万人［81 位］
- ▶ 面積［順位］　92,090km^2［111 位］
- ▶ 通　　貨　ユーロ
- ▶ 主な言語　ポルトガル語
- ▶ 世界遺産　アゾレス諸島のアングラ・ド・エロイズモの中心地区、コインブラ大学 - アルタとソフィア　など

四五〇年ぶりに故郷に錦を飾ったカステラ

日本に最初にやって来たヨーロッパ人はポルトガル人だった。『鉄炮記』によれば、インドのゴアから中国の寧波へ向かう途中、嵐にあった船が種子島に漂着。一五四三年九月二三日のことだ。中国船には五峰という名の儒学者と、フランシスコとキリシタダモッタというポルトガル人が同乗していた。

まもなく一行は、島津藩の家臣で種子島の島主の種子島恵時・時堯父子に対面。鉄砲を見せられて、その威力に舌を巻いた種子島父子は二挺の鉄砲に二〇〇〇両（今の約四億円）もの大金をはたいたという。

これを機にポルトガルは長崎県の平戸、のちに人口島の出島で南蛮貿易にいそしんだ。しかし、キリスト教の布教に熱心だったことで幕府から警戒され、一六三九年にポルトガル船の出入りが禁止されると、一〇〇年近く続いた関係に幕が引かれた。

二〇一三年三月、ポルトガルのポルタス外相が来日。外相は、その史実をもとに日本記者クラブでスピーチ。「日本とポルトガルには四七〇年にもわたる友情がある。世界の国家の五分の四は、この半分にも満たない歴史しかもっていない」と古くからの友好関係を強調した。

また、パン、コップ、ボタン、てんぷら、おんぶ、ビロードなど、両国に共通する単語を紹介し、「今でもポルトガルで通じる言葉だ」と親しみをこめて語りかけた。

このほかにお菓子のキャラメル、コンペイトウ、ビスケット、ボーロ、カステラもポルトガル語だ。しかしカステラはもともと「城」という意味で、日本人が知っている甘くて黄色いフワフワのお菓子ではない。

ではカステラという言葉はいったいどこから来たのかというと、一二世紀中頃に独立したポルトガル王国が宗主国と仰いでいたカスティーリャの国名からとったというのが有力だ。また、カステラがヨーロッパの城の形に似ていたからという説もある。このほかカステラをつくる際に卵白を泡立てて、城のように高いメレンゲ状にするかという説や、「城のように高くなれ！」と呪文のように唱えながら卵白を攪拌したからという話まである。

そのカステラを誰が日本に伝えたかを探ると、キリスト教の宣教師に行きつく。イエズス会派でスペイン人のフランシスコ・ザビエルが、はじめて布教のために鹿児島に上陸したのは一五四九年のことで、それ以降たくさんの宣教師が日本の土を踏んだ。

しかし、現在スペインにもポルトガルにも日本のカステラのようなものはない。その当時、宣教師が伝えたのは、カスティーリャ王国のビスコチョだったともいわれる。ビスコチョの語源はラテン語で「二度焼く」という意味で、大航海時代の船乗りにとってはいわば保存食で、乾パンのようなものだった。

その後一六世紀の末になると砂糖と卵が材料に加わって、ふっくら柔らかなビスコ

加須底羅

チョに改良された。しかし普通の家庭にはまだ窯がなかったので、初期の頃は尼僧の修道院で焼いていたようで、復活祭やクリスマスに欠かせないお菓子だった。

一方、ポルトガルでカステラのルーツと考えられているのが、パン・デ・ローだ。「ローのパン」というこのお菓子の語源は、中国の絹織物の一種の「絽」をポルトガル語の綴りにあてたもので、しっとりと焼き上がった表面がまるで絹織物のようだということで名づけられたものだ。

結局のところ、ポルトガル人宣教師はビスコチョを見た日本人に「その菓子はなにか？」と訊かれて、「カスティーリャの菓子だ」と答えたのだろう。スペインのカスティーリャ（Castilla）は、ポルトガル語ではカステラ（castella）と書くため、その菓子をカステラと思ったのかもしれない。やがて日本では「加須底羅」または「加寿天以羅」などという当て字が用いられるようになった。

さてカステラといえば、「カステラ一番、電話は二番、三時のおやつは文明堂」とＣＭソングが懐かしい人も多いと思うが、文明堂の創業は明治三三年（一九〇〇年）。同じく長崎の福砂屋は、それより三〇〇年近くも古い寛永元年（一六二四年）に、ポルトガル人の直伝ではじまったカステラの老舗だ。

さらにザビエルが訪日する半世紀も前の文亀二年（一五〇二年）に創業したのが、平戸藩松浦家の御用菓子司だった蔦谷で、ここにはカステラのほかにカスドースという糖蜜と砂糖をまぶしたひと口サイズのカステラに似た南蛮菓子もある。

そして〝元祖カステラ〟を自負するのが、天和元年（一六八一年）にやはり長崎で創業した松翁軒だ。ちなみにこの店は、明治三三年（一九〇〇年）のパリの大博覧会にカステラを出品して名誉大銀杯を受賞している。この松翁軒では、日本のカステラのおいしさに魅せられたポルトガルの菓子職人のパウロ・ドゥアルテさんが熱心に修業し、祖国にハポン（日本）のカステラをもち帰った。ポルトガルの宣教師によって伝えられたカステラは、大きな進歩をとげて四五〇年ぶりに故郷に錦を飾ったのだった。

帰国後、首都リスボンで日本人の奥さんとはじめた「パウロのカステラ」という名のティーサロンは、ヨーロッパで唯一日本のカステラが食べられる店として評判になった。ここに観光で長崎からやってくるお客さんは、石畳の坂道をゴトゴト走る路面電車やオレンジ色の屋根が連なる風景を見ながら、「どこか長崎に似ている」「なぜか懐かしい気がする」と感想をもらすそうだ。

しかし残念ながら、現在「パウロのカステラ」は閉店中だ。将来、ポルトガルでカステラ道場（カステラ職人養成スクール）を開くための準備のためだという。

日本人になった宣教師

ポルトガル語には、バテレン＝神父・司祭、キリシタン（切支丹）＝キリスト教徒、ロザリオ＝数珠など、キリスト教用語がそのまま日本に定着したものがある。また「ピンからキリまで」という言葉も、実はポルトガル語からきている。昔の西洋カルタは一から一二までの絵札があり、「ピン」とは「サイコロの一」とか「最上」を意味し、「キリ」とは「限り」「区切り」のほか、「十字架」＝「十」転じて「終わり」を表す言葉だったという。

このような宗教用語が浸透したのは、ポルトガル人が熱心に布教したからであって、当時はキリスト教に改宗するキリシタン大名まで現れた。遠藤周作の小説『無鹿』（文藝春秋）には、そのことが詳しく書かれている。『無鹿』は氏の遺稿ともいえる四つの短編を収めた本だが、そのうちタイトルにもなっている無鹿は宮崎県延岡市に現存する地名で、停年退職をまぢかに控えた銀行員の主人公がこの地を訪れるストーリーだ。

ザビエルに会い、やがて改宗してキリシタン大名になった大友宗麟（洗礼名ドン・フランシスコ）は、地上に理想の〝神の国〟をつくろうと隣接する日向へ攻め入った。そこに教会を建て、その土地に無鹿と名づけた。宗麟はここを拠点に島津義弘の軍を討とうとしたが、逆に戦に負けて豊後に逃げ帰った。結局、神の国の建設は叶わなかった。

それから三〇〇年が経った一八七七年、西南戦争で薩摩軍を指揮した西郷隆盛は、やはり無鹿のあたりで官軍と戦って大敗を喫し、最後は鹿児島の城山で自刃する。つまり無鹿はふたりの英傑が夢に破れて挫折した歴史的な場所だった。ここを訪ねた主人公は学生時代に詩人になろうと考えたこともあったが、結局、大胆に生きたふたりの男とはまったく違う、ありきたりなサラリーマン人生を歩んだ。晩年の遠藤周作は、平凡な主人公に重ね合わせて自分の一生を振り返る。そして病気をしたり、赤ん坊を病気で亡くしたこともあったが、決して不幸ではなかったと主人公は回想する。

では、なぜこの土地に大友宗麟は無鹿と名づけたのだろうか。遠藤周作は、小説のなかで次のように記している。

「大友宗麟が日本人としてははじめて西洋音楽を聴いたのは豊後の府内（現・大分市）に宣教師トルレスや修道士アルメイダたちが建てた教会を訪れた永禄五年秋のことである。（中略）はじめて耳にした西洋音楽の美しさは宗麟の胸底にしみ通ったらしい。彼はこの時、ムジカなる言葉を憶え、それをいつまでも忘れなかった」。

無鹿とは、ポルトガル語の「ムジカ（música）」。すなわち音楽のことだった。

もうひとつこれとは別に、遠藤周作がキリシタンへの弾圧を描いた小説に『沈黙』（新潮社）がある。小説は史実に基づいており、ポルトガル人でイエズス会の宣教師のクリストファン・フェレイラや、イタリア人のジュゼッペ・キアラ（小説中の名前はセバスチャン・ロドリゴ）などが登場する。

布教ゆえに捕縛されたフェレイラは、長崎の刑場で中浦ジュリアン（天正遣欧使節としてローマを訪問）などといっしょに逆さ吊りの刑に処される。ジュリアンやほかのキリシタンは、苦痛に耐えて最期まで信仰をまっとうし殉教の道を選んだ。

しかし日本管区の管区長代理のフェレイラだけが、たった五時間で音をあげて棄教してしまった。幕府におもねって〝転びバテレン〟となったフェレイラは、沢野忠庵という死刑囚の名前をもらって日本人となり、また死刑囚の妻をめとらされ、キリシタンの取り締まりに協力した。

フェレイラが拷問に屈して棄教したことで、一時はイエズス会やローマカトリック教会に激震が走ったが、信仰心を燃え立たせた多くの宣教師が再び日本をめざした。そのなかには、ジュゼッペ・キアラという宣教師もいた。

だが、そんなキアラもやがて密告されて獄につながれる。取り調べには、徳川家光までも検分したという。結局、キアラは信仰を捨てて岡本三右衛門という死刑囚の名を借り、その男の妻をもらって、四〇年も幽閉の身となって生涯を終える。

小説『沈黙』では、このふたりは師弟として描かれ、師のフェレイラが弟子のロドリゴ（キアラ）に棄教を勧めるシーンがある。すでにほかのキリシタンは信仰をやめると誓っていたが、自分が棄教しない限り全員拷問から解放されないと知ったロドリゴは、究極の二者択一を迫られる。かつてフェレイラ自身も同じ選択をしたように、ついにロドリゴもキリストの絵を踏む。そうして彼は、ポルトガル人最後の宣教師として生き長らえたのだった。

なお、遠藤周作はフェレイラの子孫と名乗る女性に会ったと書き記している。

日本人を最も優れた民族と讃え、
日本アニメを楽しむ人々

スペイン

キリスト教を布教するため、日本に最初にやって来たフランシスコ・ザビエル
ザビエルは日本人を慎み深く、才能があり、友情に篤く善良で、
名誉を尊ぶと絶賛した。
17世紀、嵐に遭遇して難破したスペイン船が、現在の千葉県の浜辺に漂着。
救助されて手厚くもてなされた史実が、
スペイン領だったメキシコに広まったことで、メキシコ人もすっかり日本びいきとな
現在は、アニメなどの日本文化も受け入れられている。

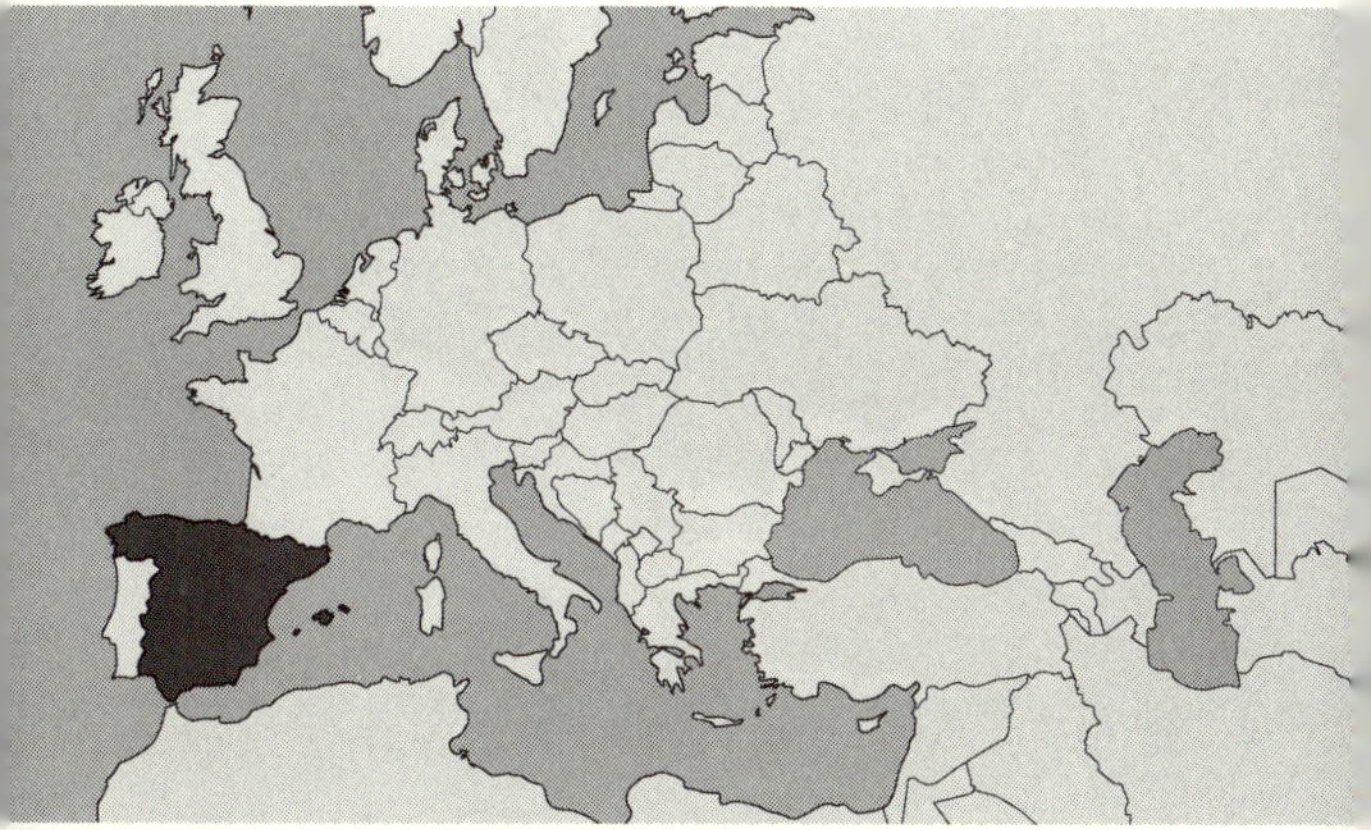

- ▶ 正式名称　スペイン〈Spain〉
- ▶ 首　　都　マドリード
- ▶ 人口［順位］　4814.6万人［29位］
- ▶ 面積［順位］　505,370km²［52位］
- ▶ 通　　貨　ユーロ
- ▶ 主な言語　スペイン語
- ▶ 世界遺産　コルドバ歴史地区、アントニ・ガウディの作品群、水銀の遺産アルマデンとイドリヤ　など

多民族・多言語の地方色豊かな国

闘牛とフラメンコの〝情熱の国〟。日本といえば、外国人が〝フジヤマ〟〝ゲイシャ〟をイメージするように、スペインの代名詞は昔から変わらない。さらに、近年は日本からスペイン各地のお祭りに参加する人が増えているという。

ヨーロッパはどこも地方色・郷土愛が強いがスペインはその最たる国で、一〇を超える民族・言語が共存している。地方勢力が強く方言も多様で、お互い意思の疎通ができなかったという、天下統一前の日本の戦国時代に思いを馳せれば想像しやすいかもしれない。

それはプロ・サッカー「リーガ・エスパニョーラ」を見ても、各州間の関係性がよくわかる。レアル・マドリードと宿敵バルセロナの因縁の試合では、サポーターは外国チームと戦う以上の激しい敵愾心をもって応援している。そんなスペイン人は、ヨーロッパ人という感覚さえあまりない。それを裏づけるこんなジョークがある。「アメリカの大統領が我が国スペインを訪問した後、ヨーロッパへ向かいました」と。

他のヨーロッパと一線を画しているのは、おもに歴史の影響による。ユーラシア大陸最西にあるイベリア半島は、八世紀から一五世紀後半まで北アフリカからイスラム勢力の侵入を受け、グラナダのアルハンブラ宮殿などイスラム様式の建築も数多く遺されている。他方、イスラム圏からはスペインは「最も楽園に近い国」と憧れの対象だった。

だがそんなヨーロッパの果てのスペインにも、近年日本文化が上陸している。『ドラえもん』や『アルプスの少女ハイジ』などのアニメがスペイン語に吹き替えられて放映された影響で、お祭りにはドラえもんの顔のバルーンが屋台に並び、老若男女が『アルプスの少女ハイジ』のテーマソングにのって踊る姿が見られた。

〝最も優秀な国民〟日本人

フランシスコ・ザビエルの名は、日本にはじめてキリスト教を布教した宣教師として誰もが知っていることだろう。ただ、ポルトガル王ジョアン三世の命で当時交易のあったインドのゴアに派遣されたのでポルトガル人と間違いやすいが、ザビエルは今でいうとスペイン人だ。ピレネー山脈の麓（ふもと）ナバラ（当時ナバラ王国）の貴族として生まれ、父親のような学者になることを志してフランスのパリ大学で学び、のちにイエズス会を創設している。

もっともスペインという国は、一四六九年カステーリャ女王イザベル一世とアラゴン王フェルナンド二世が結婚して新たにできた国で、一五八〇年から一六四〇年にはスペイン王がポルトガル王を兼ねた時期もあった。ちなみに戦国時代から江戸時代にはオランダ人は紅毛人といわれていたのに対し、スペイン人とポルトガル人はひとくくりに南蛮人と呼ばれていた。

さて当時、ヨーロッパでは日本の情報が入らなかったため、ローマ法王や国王が日本に宣教師を派遣することはなかった。ザビエルが日本を訪れたのは、マラッカ諸島に滞在中ヤジロウという日本人に会ったからだった。故郷であやまって人殺しをして外国逃亡生活をしていたヤジロウは、救いを求めてザビエルのもとで洗礼を受ける。

彼の頭の良さと向上心に感心したザビエルは、日本人を高く評価し興味を抱くようになる。そして国情を詳しく聞いて日本行きを計画し、一五四九年にヤジロウを水先案内人として彼の故郷の鹿児島から日本上陸を果たす。

大歓迎を受けたザビエルは、平戸、堺を経て、念願の京都へ上る。室町幕府後期、戦乱が続いた京都では大火や疫病が蔓延していた。ザビエルは、第一三代将軍足利義輝へ謁見を願い出るが献上品がないため断られ、比叡山の僧にも布教を試みるが門前払いを受ける。彼は、希望をくじかれて一日で髪がまっ白になったという。

それでもザビエルは日本人一般についてはかなり好意的な印象をもっていたようで、「一夫一婦制である、肉ではなく野菜を食べる、贅沢をしない、向学心がある」などと本国に書き送っている。

また当時は、武家は連歌、茶の湯、舞や楽器演奏を身につけ、庶民も読み書き・そろばん（計算）ができた。上杉憲実が下野国足利庄（現栃木県足利市）に足利学校を再興して学問に力を入れ、奥羽（東北）や遠くは琉球（沖縄）地方からも生徒が集まってきた時代だった。ザビエルは日本の教育水準の高さに感嘆し、足利学校のことを「日本国中最も大にして最も有名な坂東のアカデミー」と評している。また、「日本人は慎み深く、才能がある。友情篤く善良でなにより名誉を尊ぶ人たち」といった記録もある。

さらに、「今まで知り得た限り、この国民は私が出会った民族のなかで最もすぐれている」と報告している。スペインやポルトガルのみならず、当時ヨーロッパ中の英才が集った学問の府パリや、アフリカ、東南アジア諸国も知っているザビエルの言葉は重みがあり信頼に値するので、日本人としては素直に喜んでもいいだろう。

またザビエルはレポートのなかで貧しい人にも注目し、「日本人は違う」と驚いている。日本には身分制度があり貧富の違いがあるものの、武士も町人も貧乏を恥とはせず、どんな身分や環境の人々も朗らかで幸せそうだというのだ。というのは、彼はヨーロッパや東南アジアの日の当たらない暗い場所で暮らす最貧困層の人々が、いつもお腹をすかせてスキあらば盗みをはたらく哀れな様子を目の当たりにしていたからだ。

のちに列聖され、ヨーロッパでも高名な聖人ザビエルだが、当時の日本人に明晰な疑問を投げかけられて答えに窮している。「神の子キリストを信じれば天国に行け

る」との説教に対し、日本人は「では、私たちの祖先は今どうしているのか、地獄に落ちたのか」と訊いた。洗礼を受けていない人は地獄に落ちるという教えをもとにザビエルが穏やかに肯定すると、「その神様とは全能というのに、ずいぶん無慈悲で無能ではないか」と反論される。

　そのこともあってか、ザビエルは「日本人は文化水準が高く、立派な宣教師でないと布教に苦労するだろう」とローマ法王に胸のうちを吐露している。

慶長遣欧使節団派遣

　一七世紀初頭、徳川時代のはじめ、出羽国（現秋田・山形県）と陸奥国（青森・岩手・宮城・福島県と秋田県の一部）の東北地方一帯に勢力を広げたのが仙台藩だった。加賀（石川県）前田氏、薩摩（鹿児島県）島津氏に次ぐ全国三番目の六二万石の大名にのしあがった初代当主は、松平陸奥守こと伊達政宗だ。

　のちに鎖国政策に転じる徳川家康とは違い、政宗はむしろ信長や秀吉のように新しモノ好きで、海外にも目を向けていた。彼の野望のひとつに、仙台藩とエスパーニャ（スペイン）との交易があった。自ら「サン・ファン・バウティスタ号」の造船計画に着手し、一八〇名からなる慶長遣欧使節団をヨーロッパに送り出し、一行はスペイン国王フェリペ三世とローマ教皇パウルス五世に謁見を果たしている。

政宗が使節団派遣に至るきっかけとなったのは、スペイン人を救助した日本人との交流の歴史があった。この史実は、本国スペインよりも当時スペイン領だったヌエバ・エスパーニャ（現メキシコ）の方が有名で、メキシコ人が日本びいきになった逸話でもある。

慶長一四年（一六〇九年）、スペインの三隻の戦艦がマニラからヌエバ・エスパーニャ副王領の港町アカプルコへ向けて出帆した。スペイン語で「ヌエバ・エスパーニャ」とは、「ニュー・スペイン」。つまりニューデリーやニューヨークのように、母国から植民地に「新」をつけてできた地名だ。

大航海時代を牽引したスペインは、太平洋を越えたフィリピン諸島も領有しており、このときは臨時総督ロドリゴ・デ・ビベロ・イ・ベラスコ（通称ドン・ロドリゴ）が離任し、次期総督と交代するための航海だった。だが、彼が乗る「サン・フランシスコ号」は、台風に遭って難破し房総半島の上総国（現千葉県）の浜辺に漂着した。

そこで、ドン・ロドリゴをはじめ乗組員三一七名は地元の人々に救助された後、藩主本多忠朝の屋敷に招かれてもてなしを受ける。珍しい外国人の客が来たと、江戸城で第二代将軍徳川秀忠に謁見した後、駿河城まで赴いてすでに隠居していた徳川家康にも目通りしている。そこで、自前の船ではもう航海できないと断念した彼は、家康の命でウィリアム・アダムス（三浦安針）が建造した船をゆずり受け、「サン・ブエナ・ベントゥーラ号」と命名して無事ヌエバ・エスパーニャに帰還した。

　このときはじめて日本を体験した総督は、『ドン・ロドリゴ日本見聞録』のなかで、驚きと感動をもって国と人々の様子を書き残している。

　そのなかで天皇制についても「神武天皇という名の最初の国王が君主制をはじめ統治を行い出したのは、主キリスト生誕に先立つこと六六三年も前、ローマ創建から八九年後だということである」と記している。

　日本では「邪馬台国の卑弥呼」が登場した三世紀を国のはじまりと歴史で習う。だが、世界的には日本書紀の記述をもとに、紀元前七世紀に天皇制ができた世界一古い立憲君主国とされているのは、むしろ当の日本人にとって驚きかもしれない。

　日本人としては、神話の時代のことなので崇められるとかえって恐縮してしまうが、第一〇代崇神天皇は邪馬台国の後期三～四世紀の時代に実在したとされるし、聖徳太子が摂政を務めた推古天皇や、大化の改新を行った天智天皇は七世紀の天皇だから、ヨーロッパ最古の王室であるデンマーク（八世紀）よりもずっと古い歴史があるのは確かだ。

　さらに、ドン・ロドリゴは「……清潔なる町々は世界の何れの国に於ても見ることなきこと確実なり」と記す。つまり、世界のどの国よりも通りや町が清潔なことに感嘆している。

その後、臨時総督は祖国に帰ると、返礼として有能な航海士セバスティアン・ビスカイノを大使として日本へ派遣する。ところが、帰国の途上再び船が大破したために、今度は伊達政宗が石巻でビスカイノの指揮のもと、スペインと同じガレオン船を日本ではじめて建造する。そして、支倉常長を正使とする一八〇名の派遣団をヨーロッパへと送り出したのだった。

なお二〇一三－一四年は、この慶長遣欧使節団派遣からちょうど四〇〇年の節目にあたり、記念行事の名誉総裁には日本側が徳仁皇太子殿下、スペイン側にフェリペ皇太子殿下が就任している。

謙虚で努力家、思いやりもある
“サムライ精神”を絶賛

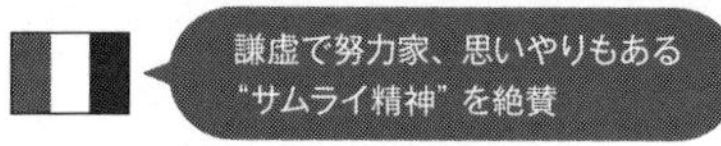

イタリア

詩人や画家、彫刻家など多くの芸術家を生み出しているイタリア。その美意識
高さは美的な生き方への追求でもある。「私は半分日本人。日本に恋している
といったサッカー日本代表のザッケローニ元監督は、
日本人には秩序・団結力・人を思いやる心があると称え、
教育・しつけ・清潔さを絶賛。
またイタリア人の人気タレントのジローラモは、
日本人のもつ“サムライ精神”に魅かれる。

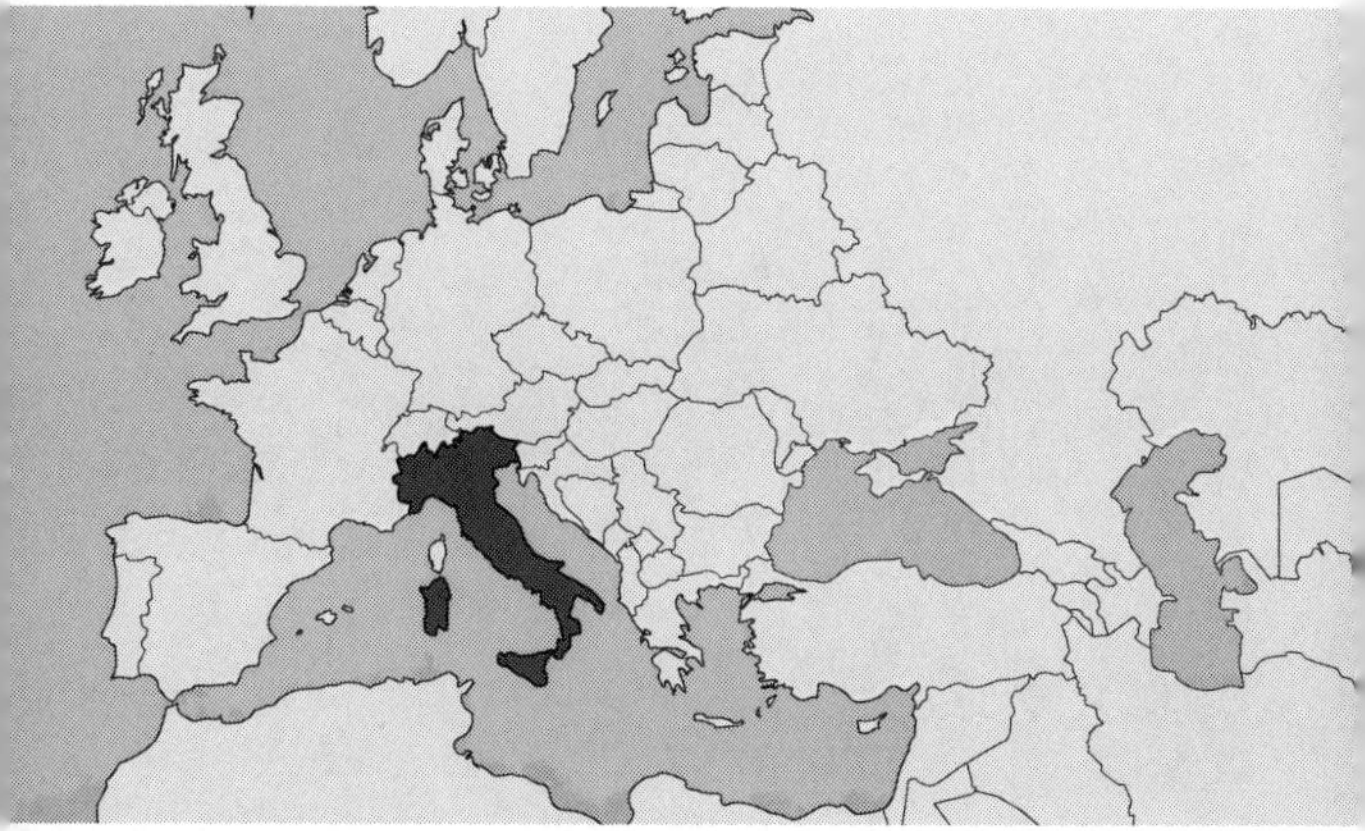

- ▶ 正式名称　イタリア共和国〈Republic of Italy〉
- ▶ 首　　都　ローマ
- ▶ 人口［順位］　6185.5 万人 [24 位]
- ▶ 面積［順位］　301,340km²[72 位]
- ▶ 通　　貨　ユーロ
- ▶ 主な言語　イタリア語
- ▶ 世界遺産　ヴァルカモニカの岩絵群、アラブ‐ノルマン様式のパレルモおよびチェファルとモンレアーレの大聖堂　など

日本に恋するサッカー選手と監督

「私は半分日本人だと思っている」とインタビューで答えたのは、〝ザック〟の愛称で親しまれたサッカー元日本代表監督のアルベルト・ザッケローニ氏だ。穏やかで謙虚な人柄。日本人的だと評されることもしばしばある。

日本代表監督に就任する際には、三つの代表チームとクラブチームからオファーがあったが、すべて断って日本を選んだほどの親日家だ。日本人には「秩序・団結力・人を思いやる心が備わっている」と称賛を惜しまず、「教育、しつけ、清潔さのすべてが素晴らしい。物価は二倍でも、払うのが気持ちいいくらいだ」と絶賛する。

ザックは日本人の意識の根底にあるのは、他人に迷惑をかけないことにあると分析する。というのは、日本サッカー界の頂点に立つ一流プレーヤーでも練習が終われば自分のシャツやスパイクをバッグにしまって自分で持って移動するからだ。

アジアカップで優勝して凱旋帰国する際も、空港のベルトコンベアーで運ばれてくる手荷物カウンターの前で、自分のものだけでなくチームの荷物までおろしている選手を見て感動を隠しきれなかった。まるで「倉庫の作業員のように働く」生真面目な選手は、イタリアではもちろんヨーロッパではほとんど見かけない。だから当の日本人選手にはあたり前のことであっても、ザックにとっては衝撃的な光景だったようだ。

また彼は選手だけでなく、日本人全体に対しても尊敬と感謝の思いを抱いている。

たとえば地下鉄に乗っているとき、ザックに気づいた人々は話しかけたそうにしながらも、相手を気遣ってそっとしておいてくれる。そういう優しさと思いやりは、有名人を見たらすぐに取り囲んでしまうイタリアでは絶対にありえないという。

　そんなザックは、なぜ自分が日本に魅(ひ)かれるのかという理由を次のように語る。

「どうやら私の性格が日本人に近いからではないかと思うようになりました。私は自己顕示欲の強い人間ではありません。大それたこと、突拍子もないことをやって目立ったりするのが好きではありません。それよりも周りと合わせて協調しながら事を運ぶのが好きです。だからでしょう。和を乱さない、団結力がある、全体のルールを尊重する、そういう日本人の特徴とされるところが私には非常になじむのです」と。

確かに日本人的な性格だ。

　さて「三つの地味なゴールを決めるより、ひとつの華麗なゴールを決めるほうがいい。それがファンタジスタだ」という名言を残した〝最後のファンタジスタ〟ロベルト・バッジョ氏も、現役時代は親日派のイタリア人サッカー選手として名を馳せた。

　引退した翌年訪日したバッジョ氏は、ジーコ監督の後任としてサムライ・ブルーを指揮するのではないかといった憶測も流れたほどだ。それもまったくのデマとは思えなかったのは、現役時代に「キャリアはJリーグで終えたい」と話し、日本での引退試合も計画されていたからだ。

「現役時代は実際に日本でプレーする話もあった。でも二〇〇二年のワールドカップでプレーするのが目標だったからイタリアを離れられなかった。しかし、監督就任ならば自分の一存で決められる。日本の代表監督も悪くないかもしれないね」と、当時バッジョスマイルで語っていたが、またそんな話が復活することもあるかもしれない。

ところでサッカー選手のなかには『キャプテン翼』（高橋陽一作）のファンという人は多いが、イタリア代表も務めたFWアレッサンドロ・デル・ピエロもそのひとりだ。アニメ『ルパン三世』、テレビゲーム『マリオシリーズ』、新日本プロレスも好きというからかなりの日本通であることは間違いない。

日韓共催のワールドカップの際にイタリアのキャンプ地が仙台だったこともあり、東日本大震災の報を受けてすぐに自ら支援を買って出た。イタリア三色旗に日の丸を重ね、その上に「友」という漢字をプリントしたオリジナルTシャツを販売し、売上を被災地に寄付したほか、復興支援のJリーグスペシャルマッチにも自ら志願してゲストプレーヤーとして参加したこともある。

このデル・ピエロ氏が日本好きになった理由は、小学生のときに地理の授業でどこかひとつの国を選んで発表しなさいと先生からいわれ、たまたま日本を選んだにすぎないというから、児童教育はおろそかにはできない。

最後に紹介する〝チョイワルおやじ〟的なタレントのパンツェッタ・ジローラモ氏

（愛称ジロー）も、かつて一六歳まで故郷の名門SSCナポリの下部組織でスーパースターを夢見てプレーしていたことがあった。その関係もあって、スポーツ紙のサッカー解説やセリエA（イタリアサッカー一部リーグ）の試合のコメンテーターとしても活躍している。

二六歳で今の奥さんと知り合って、来日早々結婚したジロー氏は「日本はとっても素晴らしい国。私は日本も日本人も大好き。この国に住めて良かったよ」と、母国イタリアと同じくらい日本を愛していると語る。

日本人については、「謙虚は美徳というけど、日本人女性は特にそれを誇りにしていいと思うよ」とアドバイスし、「男性でカッコウいいのは、サムライ精神をもっていること。語りすぎず、でも物事に責任をもってのぞむ覚悟のある人は、オトコでも惚れちゃうよね」と著書で思いを披歴している。

その言葉の通り、白黒のサムライ映画が大好きで登場する男たちの生きざまはジローさんのお手本だという。「彼らには絶対的な基準があって、それを守り抜くことに命をかけている。それは厳しい教育や修業によって培われた自信に基づいているんだと思う」と、サムライの心を熱く語る。

そんなジローさんは、「カッコいい男」、日本が誇るべき現代のサムライとしてサッカー元日本代表の中田英寿の名をあげる。自分に厳しく、大きな目標をもって努力する姿勢。失敗したり、思い通りにいかなくても人のせいにしない。しかも「強くて優しいハートをもった男」でありながらファッションセンスも良く、自己プロデュースをさりげなくできるところがすごいと誉めちぎる。

一四～一六世紀にかけて偉大な詩人・画家・彫刻家など、数多くの芸術家を生み出したイタリアではルネッサンスが開花した。先人の優れた美意識は、現代のファッションや美食にも受け継がれている。そんな美に秀でたイタリア人が絶賛するサムライ精神とは、さしずめ美的な生き方の追求といえるだろう。

『東方見聞録』にみるジパング

日本の歴史をたどるとき、室町末期の南蛮人（ポルトガル人・スペイン人）や、江戸時代の長崎出島に往来したオランダ人は思い出せても、日本と交流したイタリア人の名前はなかなか思い浮かばない。

イタリアは中世から統一されておらず、独立した海運国だったヴェネツィアやジェノヴァをはじめ、名門メディチ家のトスカーナ大公国など地方ごとに都市国家が繁栄していた。そんななかで、ヨーロッパ人が東洋への夢をかき立てられたマルコ・ポーロの冒険譚（たん）は特別な光彩を放っている。

一三世紀にイタリアのヴェネツィア共和国で著された『東方見聞録』は、『世界の記述（La Description du Monde）』とも呼ばれ、ヨーロッパ各地に広がった。マルコ・ポーロはフランス語・トルコ語・モンゴル語・中国語の四カ国語をあやつる商人で、祖国からアラビア半島、ペルシャ、インドネシア、コンスタンティノープルを周遊し、長くモンゴル帝国のフビライ・ハーンに仕えて二四年の旅を経験したといわれる。

ヴェネツィアとジェノヴァの戦いに参加し、投獄されたときに囚人仲間のルスティケロ・ダ・ピサに旅の様子を語り、後年ピサがその話を古フランス語にまとめて出版したものが、ヨーロッパ内で多言語に翻訳・写本され、アジアへの関心が高まった。

この本では中国のさらに東にある〝ジパング〟という国にも言及している。中国北部（中国南部と記述のものもあり）の東一五〇〇マイルの海に浮かぶ島国は、金がたくさん採掘される「黄金の国」で、宮殿や人々の住まいも黄金でできていると書かれてある。

ヨーロッパ人はアジアの地理に弱く、二一世紀の今でも日本がどこにあるか知らない人も多い。地図で訊（たず）ねると中国を指したり、島なので台湾かと思っていたり、東南アジアの島々と混同するヨーロッパ人もいる。そういえば、FIFA（国際サッカー協会）の二代目優勝カップにデザインされた世界地図では、日本がユーラシア大陸とつながっていたというから、まだこの『東方見聞録』の方が正確ということになる。

大航海時代にアジアをめざした冒険家たちも、マルコ・ポーロの本を参考書にして船を進めた。当時印刷術のなかった時代に生きたクリストファー・コロンブスも写本を大切にし、欄外に「注」をこと細かく書き添えて提携していたという。

ヨーロッパを初訪問した日本の少年たち

マルコ・ポーロの文献で〝ジパング〟の存在が伝えられて以来、ヨーロッパ人に夢を与えてきたアジア最果ての国。その日本から公式にヨーロッパの地を踏んだのは、九州の大友、大村、有馬のキリシタン大名たちの親書を携えた天正遣欧少年使節だ。

イエズス会の学校である有馬セミナリオの学生から選抜された伊東マンショ、千々石ミゲル、原マルチノ、中浦ジュリアンの一三〜一四歳の四人の少年たちは、ヨーロッパへ見聞を広げることと布教の応援を頼むべく旅立った。

一行が長崎港を出航するのは、本能寺の変のほんの数カ月前の一五八二年。当時ポルトガルの拠点だったマカオとインドのゴアを経由してアフリカ最南端の喜望峰をまわり、ヨーロッパのリスボンに上陸したときにはすでに二年半が経過していた。

ポルトガルではアルベルト・アウストリア枢機卿に会い、スペインでは国王フェリペ二世に謁見。トスカーナでは大公フランチェスコ一世・デ・メディチの舞踏会に招待され、フィレンツェではヴィットリオ宮に宿泊した。

行く先々で歓待された一行は、ついにバチカン宮殿の「帝王の間」にて教皇グレゴリオ一三世との謁見を果たした。ローマ市民は興奮し、はるか地球の反対側からやって来た少年使節団に目をみはり心を奪われたとの記録がある。それは、ちょんまげに着物姿の若者たちの凛々しさだけでなく、キリストの教えがアジアの果てまで広まったことへの感嘆も入り混じってのことであった。

教皇からローマ市民権を与えられた天正遣欧一行のことは、またたく間にヨーロッパ中に広まった。ローマ法王に謁見した年だけでも五〇近い資料が残されており、一六世紀には約八〇の書物に掲載されるほどの人気を博した。

ドイツでは、四人が白いヒラヒラのハイネックの洋服を着て王冠を携えているカラー印刷（一五八六年版）の肖像画も残されており、現在京都大学付属図書館に保管されている。

また、ヨーロッパ各地の王侯貴族たちがこぞって極東の少年たちを歓待したのは、この旅をセッティングしたイタリア出身の司祭アレッサンドロ・ヴァリニャーノの力によるところが大きい。彼はイタリアの名門貴族出身で、教皇パウロス四世に才能を評価されて神学の道を志した。イエズス会総長クラウディオ・アクアヴィーヴァが学友だったこともあり、のちにイエズス会のアジア地域一帯を担う東インド管区の巡察師に大抜擢された。つまりスペインとポルトガル勢力の強いイエズス会と、ローマ法王の両方に強いパイプのある大物の後ろ盾があったわけだ。

一行のヨーロッパ訪問は大成功をおさめ、一五九〇年に八年半におよぶ旅から帰国した。京都の聚楽第（じゅらくだい）では豊臣秀吉に帰国あいさつをし、ここで一行は讃美歌で有名なジョスカン・デ・プレ作曲の西洋音楽を披露している。だが、まもなくキリシタン禁止令が出され、大弾圧という不幸な運命が待ち受けていた。

四人の少年はそれぞれ哀れな末路をたどるが、それでも活版印刷機・西洋楽器・海図をもち帰った。しかし彼らの果たした功績は、むしろ欧米諸国で評価されている。というのは、その後日本を訪れる人々は、日本人や日本文化を知るうえで天正遣欧少年使節について記された本を参考にしたからだ。江戸時代に訪日したドイツ人医師エンゲルベルト・ケンペルや、黒船で来航したペリーも、使節団の書物を読んで日本訪問を準備したひとりだった。

ローマで貴族になったサムライ

戦国から江戸に移ったばかりの時代、イタリアのローマまで赴き、貴族の称号を得た日本人がいる。支倉常長という仙台藩の武将で、洗礼名はドン・フィリッポ・フランシスコという。

本書「スペイン」の章で、伊達政宗が派遣した慶長遣欧使節（一六一三年）についてそのいきさつを書いたが、支倉はその使節団の正使いわば団長だった人だ。慶長遣欧使節とは、政宗が石巻で造船した船でヌエバ・エスパーニャ（現メキシコ）を経由し、本国エスパーニャ（スペイン）とローマ教皇領まで訪問した一八〇人からなるデレゲーションだった。

徳川家康に渡航を申し入れた目的は〝貿易交渉〟だったが、政宗はエスパーニャと連合し、討幕の目論見（もくろみ）があったのではと推測する歴史家もいる。

支倉一行はローマ教皇パウルス五世にサンピエトロ大聖堂で謁見し、その様子は絵画にも残されている。また、支倉にローマ市公民権と貴族の称号を与えるというラテン語の金箔入り羊皮紙（ようひし）の証書は、国宝に認定されて仙台博物館に所蔵されている。

他方、イタリアのボルゲーゼ宮には、一七世紀のアルキータ・リッチによる等身大の油絵「支倉常長像」が保管されている。また、バチカンの人類博物館には、常長が鼻をかんだという懐紙まで保管されているという。当時のヨーロッパでは鼻をかむのは手鼻かハンカチを使用していたため、日本の懐紙とその武士の礼儀作法が大変興味をもたれたためだ。

最終的に、支倉一行は通商交渉もまとまらないまま一六二〇年に帰国したが、天正遣欧少年使節と同様、すでに時代は大きく変わっていた。徳川幕府によるキリスト教禁止政策がとられたことで、支倉は失意のまま二年後に亡くなっている。

ヨーロッパにおける蝶々夫人の役割

能・歌舞伎、空手・柔道、華道・茶道・書道などなど、伝統の日本文化は数あれど、ジャコモ・プッチーニ作曲のオペラ『蝶々夫人（マダム・バタフライ）』は、外国人が日本の美学や生活様式を広める数少ない芸術だ。世界的オペラ歌手マリア・カラスも、蝶々さんの「ある晴れた日」が十八番だった。

イタリアのトスカーナに生まれたプッチーニは、『ラ・ボエーム』や『トスカ』などでヒットを飛ばした当時流行の〝オペラ・メーカー〟で、『蝶々夫人』は今やイタリアオペラの代表作にも数えられている。

プッチーニはパリでアメリカ人の小説を原作とした芝居を観て感動し、オペラ『蝶々夫人』の着想を得る。折しもフランスはジャポニスムの真っ盛りで、パリで興業中の貞奴（さだやっこ）に会ったという記録もある。

『蝶々夫人』は鎖国中の日本にあって、唯一外国人が暮らせた長崎を舞台に、日本に赴任中のアメリカ人ピンカートンと若い現地妻の蝶々さんの悲恋を描いたオペラだ。ピンカートンと結ばれるためキリスト教に改宗し、子どももできたが幸せは長くは続かなかった。三年後、夫は妻子を残して帰国。「必ず戻ってくる」という言葉を信じて待っていたところに現れたのは、ピンカートンが結婚したアメリカ人の妻で、幼い息子を引き取りにやって来たのだった。失意の蝶々さんは「名誉のために生きられないときは、名誉のために死のう」と、喉(のど)を突いて自害する。

舞台では冒頭から、蝶々さんと結婚生活をはじめる日本の新居が現れる。ピンカートンは、屋敷の〝壁〟が動くことに驚き、それが障子やふすまであることが種明かしされる。寝室も居間も変幻自在だし、大広間にも早変わりするのだと、冒頭の歌曲で日本の家屋様式が紹介される。公演によりまちまちだが、蝶々さんの家の周辺風景は日本庭園や丸橋、桜やしだれ柳の坂道がステージ上に現れることもある。しかし、場所は長崎なのに遠くに富士山が見えたり、家の中を土足で歩いたり、蝶々さんがキモノの裾(すそ)をたくし上げたり、時にはパンプスを履いていたりなど、日本人には気にかかる演出もないではない。

それでもヨーロッパの観客たちは、蝶々さんの日本髪やキモノでの立ち居振る舞い、舞台に浮かび上がる日本情緒に包まれてすっかり異次元の世界に酔いしれる。

また『蝶々夫人』は昭和三〇年、当時宝塚歌劇団に所属していた八千草薫主演で映画化され（日伊合作東宝・リッツォーリ・フィルムとガローネ・プロ）、両国で大好評を博した。

そんなオペラや映画のお陰だろうか、黒髪で小柄な日本女性に憧れを抱くヨーロッパ男性は少なくないようだ。しかも、日本女性は可憐で純粋で従順でおとなしく一途、という女性の鑑のような人物像を抱いているようだ。本当は、蝶々さんのような大和撫子はすでに絶滅してしまったかも知れないのだが。

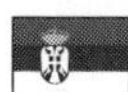

中国人との区別はつかないが、
日本に興味津々。目に余る日本好き

セルビア

国内にたくさん中国人がいるため、日本人はよく中国人に間違われるが、セルビア人は日本人が大好き。家賃をきちんと支払う、約束を守る、相手を尊重する、信頼できるなど日本人への評価はすこぶる高い。バスや医療機器など、日本からの寄付も評判がいい。そんなことから首都ベオグラードには「日本の泉」という日本国民に感謝の意を表する噴水がある。生活は苦しくとも、東日本大震災直後にはヨーロッパ最高額の寄付金を拠出。

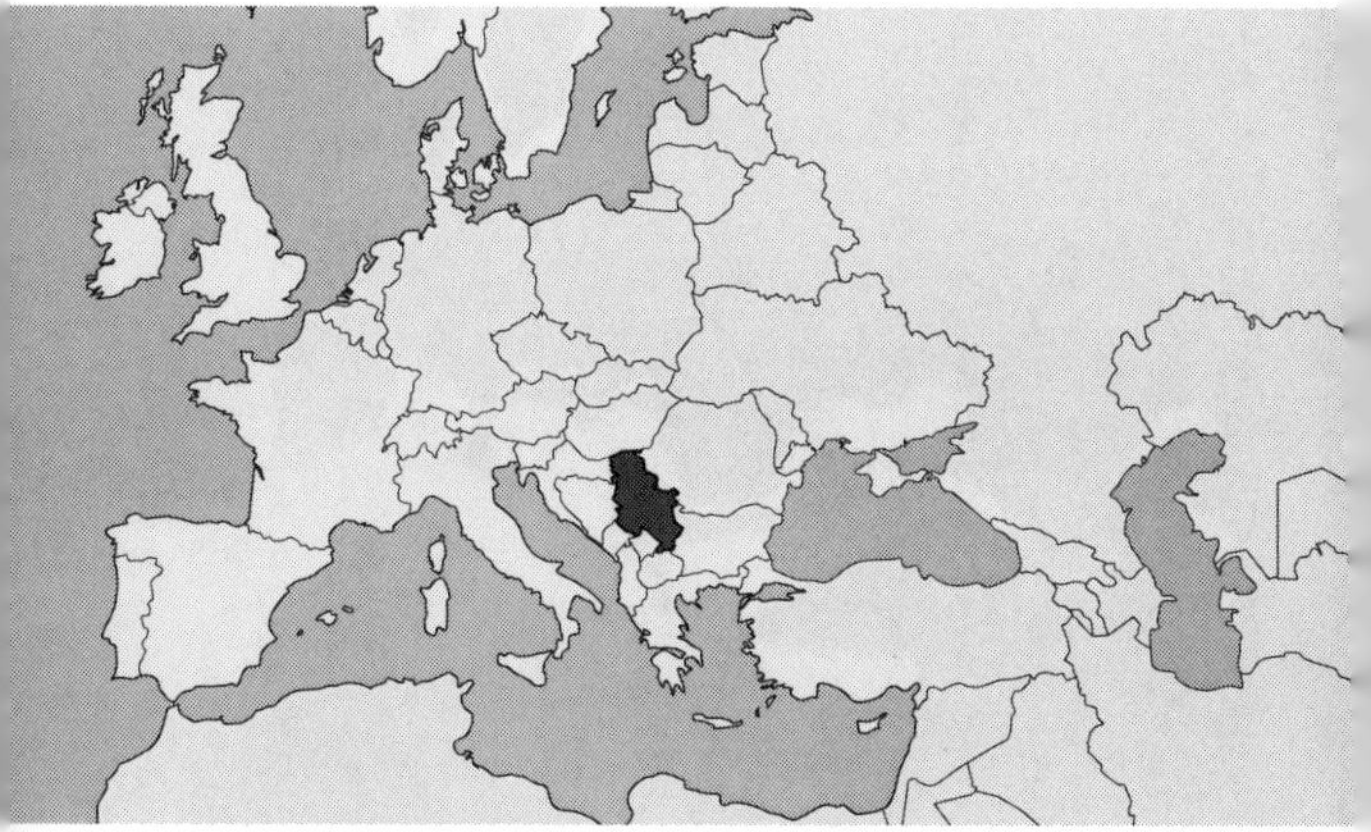

▶ **正式名称** セルビア共和国〈Republic of Serbia〉
▶ **首　　都** ベオグラード
▶ **人口［順位］** 717,6 万人［102 位］
▶ **面積［順位］** 77,474km²［117 位］
▶ **通　　貨** ディナール
▶ **主な言語** セルビア語
▶ **世界遺産** スタリ・ラスとソポチャニ、ガムジグラード=ロムリアーナ、ガレリウスの宮殿　など

中国人と見分けのつかない日本人

「アチョー！」「チン、チョン、チャン」

街で通りすがりのセルビア人が、からかい半分によくこんな言葉を投げかけてくる。もちろん「アチョー！」はブルース・リーかジャッキー・チェンの影響で、「チン、チョン、チャン」は中国語のマネだ。

そんなときには、すかさず「ヤパーン（日本）」あるいは「ヤパーナー（日本人）」（男性単数は「ヤパーナッツ」、女性単数は「ヤパーンカ」）といい返すと、相手の態度はコロリと変わる。「ごめんなさい」とこちらが恐縮するくらい平謝りしたり、人なつこく日本のことを訊いてきたりする。

また、セルビア人は日本のことに興味深々。ショップのレジで日本人かと訊かれ、うなずいただけで「日本人女性を紹介して」とか、日本語のあいさつを教えてなどとせがまれる。スポーツの盛んな国らしく、サッカーの本田圭佑選手やテニスの錦織圭選手の名前が出て、話がはずんでしまうこともある。とにかく、セルビア人の「日本好き」はいい意味で目に余る。長年住んでみて、セルビア人と日本人はとても相性がいいのだと感じる。

十中八九、ヨーロッパ人は日本人・中国人・韓国人の見分けがつかないが、ここセルビアでは日本人はほぼ中国人に間違われる。というのは、圧倒的に在留中国人の数が多いからだ。セルビアはＥＵ諸国とは一定の距離を置くが、同じ共産主義国家だった中国とは関係が良好で渡航ビザは免除されていた。そこで人口一三億四〇〇〇万人を抱える中国の地方都市から、ヨーロッパでは比較的入国審査が簡単なセルビアへ、いち早く中国雑貨といっしょに中国人が入って来た。

ベオグラードの新市街の「ブロック75」というエリアには、雑貨から食器・衣料・靴・バッグ・食品・寝具まで揃う大型中華マーケットができ、そこはすべて中国人経営で従業員もほとんど中国人家族。一帯はチャイナタウンと化している。

旧ユーゴ紛争を機に〝外国人〟が姿を消し、代わりに一挙にどっと押し寄せたのが中国人だったので、さすがに客人に親切なセルビア人もちょっと気圧されたのかもしれない。

中国人はひとりがヨーロッパに渡航すると、続いて家族や親類縁者が頼ってくるという。アパートを独り身の中国人男性に貸したはずが、いつの間にか奥さん、子ども、赤ちゃん、兄弟、従兄と名乗る人までもが住んでいて、大家さんが卒倒したという笑い話のような話もある。大家さんが契約書を見せて抗議しても、息もつかせぬ中国語でまくしたてられるか、「わかった」といいながらいっこうに状況は変わらず、交渉は難しいのだそうだ。

他方、日本人に対しては「家賃をきちんと支払う」「約束事は守る」「アパートをきれいに使う」「相手を尊重する」「身なりも態度もきちんとしている」「友好的な人々」「信頼できる」「文化的」という印象をもっていて、大家さんとしてはできれば日本人に家を貸したいと願っている。

日本から寄付された新品のバス

ベオグラードの街では、車体の色やデザイン、メーカーや年式もまちまちで、ドイツ語やギリシャ語などの外国語が書かれた個性あふれるバスや市電が思い思いに走っている。なかには山羊の像が最終車両のお尻についたスイスの登山列車かと思われるものまである。これらの車両は、西ヨーロッパ諸国からのプレゼントで、古くなってお蔵入りになりそうな中古車を譲り受けたものだ。

このように、いかにもやっとこさ走っている風情の公共交通のなかに、ある日颯爽と現れたのが黄色に青いラインが入った新品のバス〝ヤパーナッツ（日本人）〟だ。愛称を知っている市民も知らない人も、誰でもピカピカのバスは日本からだと知っている。車体の横と後ろには「日本国民からの寄付（Donation from Japanese people)」という文字と、セルビアと日本の国旗が描かれている。

セルビア人は、新しい物やクオリティーの高い物が好きなので、今までの中古品ではありがたみが湧かなかったらしい。お陰で、在住の私たち日本人は袖振り合った市

New!
DONATION
FROM
JAPAN

民から感謝の言葉を受け取ることもしばしばあった。

最近ベオグラードでは、ドイツやスイスでよく見かける低床（ていしょう）式の最新型の市電が走るようになった。同じ乗り物とは思えないほど従来のものとは落差があり、クリーンな車両に市民の評判は上々。それでも市民生活はますます苦しくなるばかりで、血税をしぼりとるだけの政治家に抗議の意味もこめて、ほとんどの市民はタダ乗りを決めこんでいる。

これに対し、外国から高価な市電を購入した政府は運賃値上げに踏み切ったうえ、市民がきちんと料金を支払うような手段を講じた。政府がとった対策とは、ＪＲ東日本が導入しているＳｕｉｃａのような磁気式のプリペイドカードの導入だった。そのため、博物館に入るような年代物の車両にまでＩＣカードシステムを備えた読み取り機が設置されるという、非常にユニークな乗り物になってしまった。しかし、読み取り機にプリペイドカードをあてるセルビア市民を見かけることはほとんどない。

また、日本のＯＤＡ（政府開発援助）や草の根支援では、農作物用の肥料、医療機器、学校の修理などが行われている。たまたまエンジニアの友人が勤務する救急病院にいっしょに行ったところ、「日本から医療機器をたくさん寄付してもらったんです」と同僚から握手を求められたこともあった。

たくさんの善行が重なって、セルビア人は日本から「多くの援助をしてもらっている」と感じている。実際は、EUやアメリカの援助額の方が大きいそうだが、セルビア人にいわせると欧米諸国は「ギブ・アンド・テイク」の精神なので気がぬけないが、日本だけはいつも「無償支援」で見返りを期待しないのが素晴らしいという。

ところで首都の中心にあるオスマン帝国時代の要塞カレメグダン公園の一角に、鹿おどしを模した噴水がある。その傍らには「日本国民に感謝する泉」と、セルビア語、英語、日本語の三カ国語で書かれたプレートがかかっている。

3・11東日本大震災とセルビアの洪水支援

大波はものすごいスピードで這うように田畑を覆い、さらに家やビルを容赦なく飲みこんでゆく。三・一一に起きた東日本大震災の模様は、ヨーロッパやセルビアのニュースでも連日報道された。

すぐに、首都ベオグラードの大通りでは、被災地日本へ寄付を募るスタンドができた。同時に折鶴も届けようと、多くの人がわざわざ遠くから駆けつけて、募金の台は即席の折り紙教室となっていた。そのときの送金額は約二億円と、ヨーロッパで最も多い金額だったことをあとで知った。

セルビアは、ボスニア内戦・コソボ紛争&NATO空爆・経済制裁と、ここ二〇年家計は火の車。それに追い打ちをかけるようにヨーロッパ経済危機にも煽られて、誰もが口をそろえて「今までで一番苦しい」と嘆く経済状況にある。失業率は二〇パーセントを超え、平均月収は日本円で四〜五万円程、高齢者がもらう年金は月三〜四万円程だ。

しかし、月給が低いのは物価や生活水準が低いからではない。ベオグラードのアパートの家賃は最低三万円はするし、衣料品や食品の価格はドイツやフランスなど西欧並みだから、日本とも大差ない。電気代・水道代にアパートの管理費などの基本料金は、住居の広さにもよるが月一万五千円はくだらない。

そんな苦しい状況なのに、セルビア人は「困っているときはお互い様」と、自分のことを省みずに「大好きな日本のためになにかしたい」と最大限の寄付をしてくれたのだ。

さて、日本の三・一一から約三年後。今度は、セルビア西部のサヴァ川沿いの五つの都市で非常事態宣言が発令され、一二〇年ぶりの集中豪雨で大洪水に見舞われた。オブレノバッツという人口約七万人の町はすっぽりと水に覆われ、約五〇〇〇人が避難を余儀なくされた。

セルビアのネナド・グリシッチ駐日大使は、「〝川の津波〟が起きました。東北の状況とよく似ています。多くの人命が失われ、大半が自宅に戻れない状態です」と語った。日本でもセルビアの大洪水の様子が報道されたことで、東日本大震災のときにセルビアから多額の寄付金が届けられたことがネットを通じて広まり、今度は在日セルビア大使館に日本人から義援金が続々と集まった。苦しいときに助け合うことで、日本とセルビア両国の信頼と絆はよりいっそう深まったのだった。

グリニッチ大使は「これほどの日本からのサポートに驚いている」と感謝のコメントを出している。大使はセルビア人が日本人に対して好意的である理由に、「セルビア人は日本の勤勉さや技術力を高く評価していて日本が大好き」と答えている。怠け者を自認するセルビア人にとって、日本人は勤勉の象徴的な存在なのだ。

そのためジョークが大好きなセルビア人の話には、日本人が登場するものがある。ある日、セルビアの工場を見学しに、日本から視察団がやって来た。一日目も二日目も、日本人の団体は遠巻きに眺めるだけで、無言で帰っていった。そして三日目、工場を去るにあたって、日本人はこういった。「今度は、ストライキをしていないときに来ます」と。話のオチとしては、セルビア人はいつも通りに仕事をしていたのだが、勤勉な日本人からはまるでストライキをしていたように見えたという自虐的なジョークだ。

セルビア王家と日本の細くて長い友好関係

日本とユーゴスラビア（セルビア）との関係は、露土戦争を終結するためのベルリン会議（一八七八年）にさかのぼる。このときロシアに負けたオスマン帝国から独立が承認されたセルビア王国のミラン・オブレノヴィッチ一世が、国王に即位したことを明治天皇に親書で伝えたのがはじまりだ。とすれば、すでに一三〇年以上の交流があることになる。

その後の特筆すべき出来事としては、一九二九年に大日本除虫菊株式会社（金鳥）の創業者の上山英一郎氏が、国王アレクサンドル一世から大阪駐在ユーゴスラビア王国名誉領事の称号と、その後コンマンドール・サンサバ勲章を授与されたことがあった。

もともと除虫菊はセルビアが原産地で、ある女性が部屋に飾った除虫菊の周りでたくさん虫が死んでいるのを発見したことで研究が進み、同社では蚊取り線香や殺虫剤の製造に着手。除虫菊の用途を開発したことや効率の良い栽培方法を考案したことが評価されたものだ。

それから約七〇年が過ぎた二〇〇四年、両国の友好関係が発展するようにとの思いをこめて現社長の上山直英氏が、再びセルビア・モンテネグロ（現セルビア）の名誉総領事に任命されたのだった。

王家にまつわる話のついでといってははなはだ失礼だが、ここでセルビア現王家のカラジョルジェヴィッチ家の王女様との出会いのエピソードをご紹介したい。ＮＡＴ

O空爆後、ほんの一カ月ほどセルビアの語学学校に通っていたときのこと。中国人数人と私だけのクラスに、ある日アメリカから白い上下のパンタロンスーツに身を包んだ、気品漂う美しいご婦人が入って来た。

　授業中は隣の席に座った新入生に教科書を見せてあげ、休憩に入って自己紹介をすませた。お互いファーストネームで呼び合い、私は「エリザベス」と呼び捨てしていた。彼女は共産主義体制が崩壊してから何度もセルビアを訪れていて、今度は子どもの絵本をセルビア語で出版するのだという。

　授業が終わり、エリザベスさんに「じゃあ、また明日ね」と手をふって別れ、帰り仕度をしていると、先生が少々興奮気味に私を見つめている。「あなた、彼女が誰か知っているのですか」と声が裏返っている。「はい、エリザベスです。アメリカから来た」と答えると、「ええ、そう。……エリザベス王女殿下なのですよ！」。先生は印籠（いんろう）こそ出さなかったが、「控えおろう！」「頭（ず）が高い～！」といわんばかりだった。

　イェリサベータ（セルビア名、英名エリザベス）王女の父君パヴレ・カラジョルジェヴィッチ公は、第二次大戦前マルセイユで暗殺されたアレクサンダル国王の従弟にあたり、ペータル二世がまだ幼かったため摂政を務めていた。また、母君はデンマーク王家の血を引くギリシャの王女であるため、彼女はイギリスのチャールズ皇太子やスペインのキャサリン女王と又従兄で、しかもロシアの女帝エカテリーナの血を引く由緒ある王女様だった。

イェリサベータ王女は王家の宮殿で誕生したが、四歳のときイギリスに後押しされた軍部のクーデターで亡命を強いられた。ギリシャ経由でアフリカに幽閉され、のちにフランスの修道院に移送された。その後、結婚してニューヨークで暮らしていた王女は、祖国ユーゴスラビアを支援するために財団を立ち上げ、ボスニア戦争のまっただ中に帰国して援助を行った人道主義者でもある。

そんなことで御学友となったイェリサベータ王女は、ニューヨークの王女の財団のスタッフで友人でもあった女性が日本人だったことで、日本を訪れたことがある。日本では武道の見学や温泉も堪能されたそうで、日本を素敵な国だと語られていた。そのとき由緒ある家柄の友人宅に泊まられた王女は、最初に入浴を済ませた後、お風呂の栓（せん）をぬいてしまったのだと失敗談を笑顔で話してくださった。

見返りを求めぬ日本の支援は、
その他の国の合計金額以上と感謝

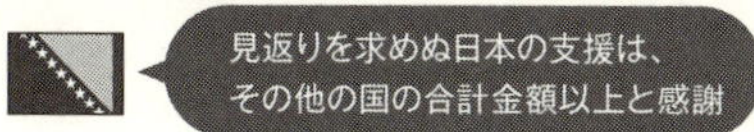

ボスニア・ヘルツェゴビナ

冷戦後、民族や宗教が複雑に入り組むモザイク国家で内戦が勃発。
ボスニア戦争終結直後、日本の復興支援が際立っていたことで
「日本人こそ最大の支援者」と、感謝と敬意の念はいつまでも尽きない。
かつてサッカー日本代表監督として指揮をとったオシムは、
東京五輪で初来日した際に農家のお婆さんから梨をもらい、その真心に感動
その後、日本が忘れられなくなった。

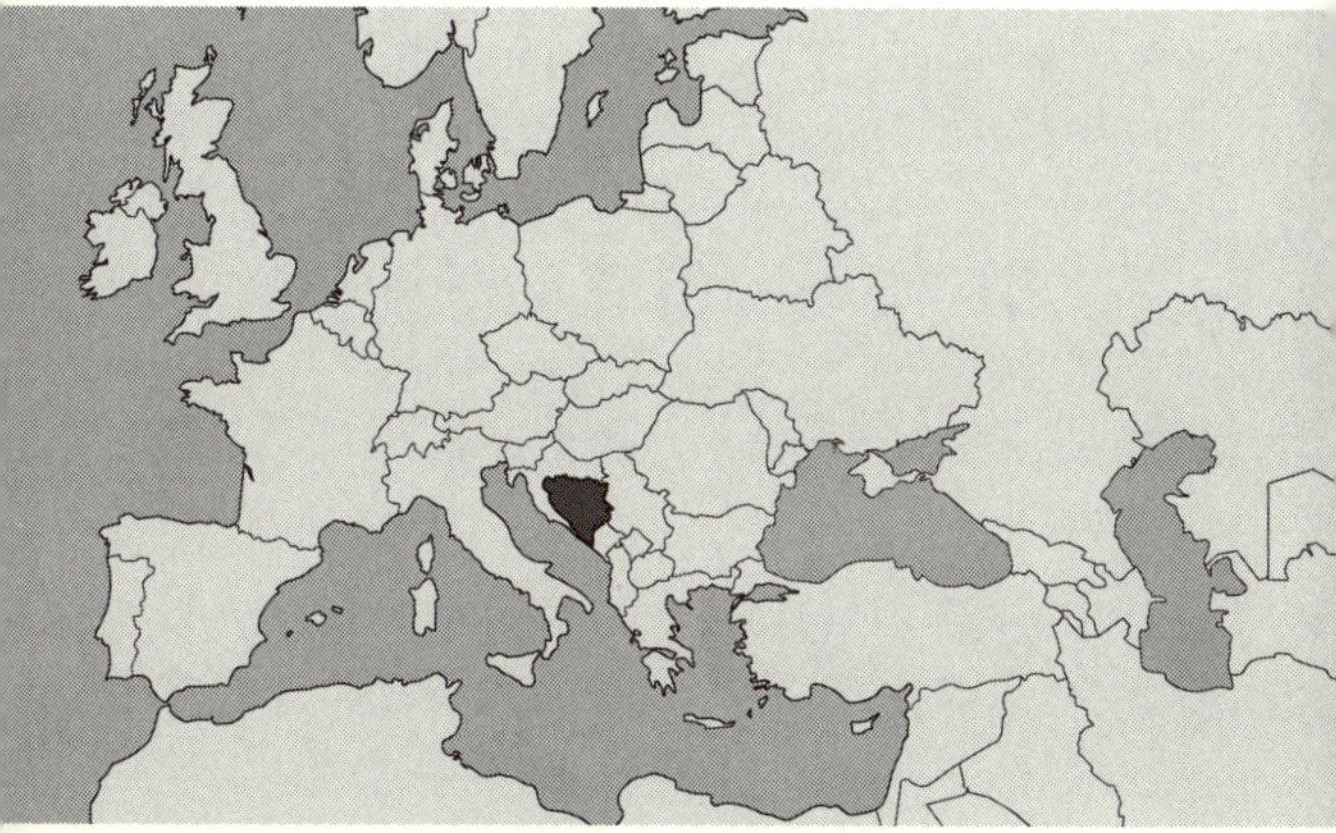

- ▶ **正式名称**　ボスニア・ヘルツェゴビナ〈Bosnia and Herzegovina〉
- ▶ **首　　都**　サラエボ
- ▶ **人口［順位］**　386.7万人［129位］
- ▶ **面積［順位］**　51,197km²［129位］
- ▶ **通　　貨**　兌換マルク
- ▶ **主な言語**　ボスニア語、セルビア語、クロアチア語
- ▶ **世界遺産**　モスタル旧市街の古橋地区、ヴィシェグラードのメフメド・パシャ・ソコロヴィッチ橋

オシム氏が好きな日本人

ボスニア・ヘルツェゴビナは、ブラジル開催のワールドカップ２０１４で悲願の初出場を果たした。結果的に一次リーグ敗退に終わったが、イランを三－一で破って初勝利を飾った。

ボスニア・ヘルツェゴビナサッカー協会では、内戦後は異なる三民族の国家元首が輪番制で政治を行っているように、協会も三人の会長が運営していた。これがＦＩＦＡの規定違反ということで、無期限の資格停止処分となった。この問題を解決し、祖国をワールドカップに送り出したのは、ひとえにオシム氏の尽力によるものだった。

一九六四年、オシム氏は東京オリンピック出場のため初来日した。ボスニア人はサラエボを国際都市と自慢するが、東京があまりに大きいのに驚いた。しかも、生まれてはじめて見るカラーテレビに感激したという。だが、それ以上に感動したのは、農家のお婆さんから梨をご馳走になったことだった。体の大きな外国人の自分を怖がりもせず、温かな親愛の情を示してくれたことですっかり日本が好きになった。

それから四〇年近くが過ぎて、選手としても監督としても実績を残したオシム氏は、レアル・マドリード、１８６０ミュンヘン、ヘルタ・ベルリンなどヨーロッパのメジャーチームからのオファーを蹴って、Ｊリーグのジェフユナイテッド市原の監督に就任。その後は、二〇〇七年一一月に脳梗塞で倒れるまで日本代表の監督として指揮をとった。

サッカー人生の最終章に日本を選んだのは、あの時のお婆さんが差し出した梨（なし）にあるとしたら、オシム氏を魅了した日本人の素朴な思いやりこそ世界に誇れる美徳であるに違いない。

また、オシム氏は日本で暮らすようになってからすっかり魚料理が好きになったようで、千葉にいた頃は、スーパーではなく自宅近くの行きつけの魚屋で新鮮な魚を買っていた。ボスニア・ヘルツェゴビナには猫の額のような海しかなく、現地の人は肉食でほとんど魚は食べない。日本人のように魚の目を見て鮮度がわかるヨーロッパ人はめずらしい。

さて、日本では「オシム語録」「オシム名言集」「オシムの提言」など、オシム氏の含蓄（がんちく）のあるユーモアとウィットに富んだ哲学的な言葉が好評だが、旧ユーゴスラビアの国々でのボスニア人のステレオタイプは、「垢抜（あか）けない、頭の回らない田舎者」ということになっている。そんなふうにバカにするのは、他人をオチョクルのが大好きなセルビア人とクロアチア人なのだが。もっともオシム氏の父方の祖父母はドイツ系、母方の祖父はポーランド人で祖母はチェコ人だというから、生粋の「ボサナッツ（ボスニア人）」というわけではない。

そんなオシム氏は日本人を手放しに誉めることはしない。むしろ批判的に聞こえるのは、氏の日本人への深い愛情表現ゆえのことだ。たとえば、本田圭佑選手と香川真司選手についての印象を訊かれると、「特定の選手に人気が出るのは悪くない。だが、それが逆に選手の足を引っ張っている。主にメディアの責任だ。サッカーの資質についてではなく、私生活や無関係なことについて騒ぎたてる。ヨーロッパでも問題はあるが、日本では深刻だ。メディア関係者は理解した方がいい。人間は腐ってしまうことを」と、アイドルのようにもてはやされると、かえって選手の成長の妨げになると警告する。

またオシム氏は、日本人は「リスクを怖れすぎる」「平均的地位、中間に甘んじる」「受身すぎる」「周囲に左右される」とも警告する。しかし、そんな淡々とした言葉は、批判というより息子を思う父親のような愛情にあふれ、日本の青年に対する期待への裏返しと受け止めるべきだろう。

ところでボスニアへ旅行する機会があれば、まずあいさつ代わりに「オシムは素晴らしい」といえば、どんなに不愛想な人でも笑顔になって握手の手を差し出して好意を示してくるにちがいない。事実、何人もの日本人旅行者が「オッ〜、日本人か？オシムが日本を好きだから、俺(おれ)も日本が大好きだ。ボスニア人と日本人は兄弟なんだから」という言葉を投げかけられている。

世界最古のピラミッド？　で平和を語る

ボスニアと聞いてまっ先に思いつくのはボスニア戦争。それにちょうど一〇〇年前、第一次大戦の導火線となったオーストリア皇太子夫妻が暗殺された『サラエボ事件』。ボスニアのイメージは、どうしても戦争と重なり合ってしまいがちだ。

この国の歴史を振りかえると、いつも民族と宗教が複雑にからみ合っていた。四世紀初頭には古代ローマ帝国がバルカン半島まで勢力を伸ばし、九世紀には東から来たスラヴ人がここに定住するようになった。一四世紀にボスニア王が誕生したものの、一五世紀にはオスマン帝国に侵略され、わずか半年後にハンガリーが奪還。しかし、一五二六年に再びオスマン帝国が巻き返し、それから四〇〇年にもわたって統治した。

トルコ支配の時代には、イヴォ・アンドリッチの小説『ドリナの橋』にあるように、住民たちのなかには自らイスラム教に改宗する者が現れ、イスラム教の宗教的行事を行い、絨毯の上に座るトルコ式生活様式が定着し、トルコ式建築や工芸品がボスニアの町にもたらされた。

その後、一九世紀になるとオスマン帝国の衰退に乗じて勢力を伸ばしてきたハプスブルク帝国の支配下に置かれ、まさにこの地は文明の十字路となった。そんな歴史がひとつの国のなかに複雑な民族問題と、ヨーロッパとアジアが交わる不思議な雰囲気をつくり出した。

大国と袂を分かつのは、サラエボ事件に端を発した第一次大戦でオーストリアが負けた後、新たにセルビアやクロアチアやスロベニアなどといっしょに〝南スラヴの国（ユーゴスラビア）〟の建国に参加したときのことだ。

ところで二〇〇七年四月、「サラエボから北西三〇キロほどのヴィソコという町で一万二〇〇〇年前に建造されたピラミッド発見！」というニュースを聞いて、物見遊山で出かけて行ったことがある。もしそれが本当なら、ボスニアの歴史はローマ帝国はおろか、エジプトをしのぐ文明発祥の地ということもありうるのか（?!）。

エジプトのピラミッドとは似ても似つかぬ標高七〇〇メートルの四角錐の丘がピラミッドの一部だと主張するのは、スピルバーグ監督の映画『インディ・ジョーンズ』で主演ハリソン・フォードのようないでたちをしたボスニア出身の実業家のオスマナギッチ氏。これに対し、地元の国立博物館の考古学者は「単なるバカ騒ぎ」と取り合おうともしなかった。

他方、ヴィソコ市長はこれまで観光とは無縁のさびれた田舎町に、大勢の観光客が押し寄せたことでホクホク顔。歴史を曲げても、ヴィソコを世界最古のピラミッドの町として売り出そうと夢は膨らんだ。

しかし、いくら近づいてもピラミッドらしき物体はないので、通りすがりの喫茶店で道を訊ねたところ、日本人とわかって「まあ、まあコーヒーでも」と半ば強引に客引きされた。ちょうど午後のコーヒータイムに日向ぼっこするイスラム帽のお爺さんたちが、「日本人か〜！」と一期一会の出会いを喜び、「フジヤマ」「トヨタ」「ソニー」「ミツビシ」「クロサワ（黒澤明監督）」など、日本に関する思いつく限りの言葉を並べた末、「アッカーシー」や「オッスーシー」という意味不明の単語が飛び出した。

よくよく訊ねると、正しくは「アカシ」「ヤスシ」。というのはボスニア戦争中、当時の国連事務総長特別代表で旧ユーゴ問題担当の明石康氏が、あくまでも対話で敵対する三民族の融和に尽力したことが記憶に残っていたからだ。

政治や国際問題と直接縁のない現地の人々のなかには、「日本が交渉してくれたら、戦争は早く終わったんだ。いや戦争にはならなかっただろう」という声まである。お爺さんたちは「三つの民族はいっしょに暮らしていて、誰も戦争なんかしたくなかったんだ」という。単に「セルビアのスロボダン（ミロシェヴィッチ大統領）とクロアチアのツジマン（大統領）が戦争をはじめて、ボスニアは巻きこまれたんだよ」と解説する。

「どうせアメリカが莫大な影響力をもっているから」と国連に対しても疑心暗鬼な様子で、

「ケンカの仲裁をしているふりをして背後で武器を売って、俺たちの戦争をけしかけ

ているのさ」と欧米の大国に対する持論を展開する。日本人にとっては突拍子もない話だが、バルカンではこんな風に語る人が多数派だ。常に大国に翻弄され、蹂躙（じゅうりん）されて生きぬいてきた人々の率直な思いなのだろう。

「日本はアメリカから原爆を落とされた国だし、占領された国だから、自分たちの気持ちがわかるだろう……」。麓の茶屋で、トルココーヒーをする親日派の人々に引き止められて、〝ボスニアのピラミッド〟にたどり着いたのは陽が傾く頃だった。

世界一のボスニア支援？

ボスニア・ヘルツェゴビナは、旧ユーゴスラビアを構成する六つの共和国のうちのひとつで、一九九二年に独立宣言したのち、ボシュニャック人（イスラム教徒）、クロアチア人（カトリック教徒）、セルビア人（セルビア正教徒）の間で三つ巴（どもえ）の内戦に突入。

三年半の戦争で、約二〇万人の死者、二〇〇万人を超える難民という犠牲を払って、最終的に一九九五年のデイトン条約で独立国となった新しい国だ。ボスニア・ヘルツェゴビナには、ボシュニャック人とクロアチア人が暮らす「ボスニア・ヘルツェゴビナ連邦」（首都サラエボ）と、セルビア人主体の「セルビア人共和国」（首都バニャ・ルーカ）のふたつの政府がある。ほぼ三角形の国土は、内戦後に民族ごとの住み分けができて、ギザギザと複雑に入り組んでいる。

一般にボスニアの人々は素朴で温かく、これまで出会った人々は日本に対する敬意と感謝の気持ちをもっていた。「ボスニアへの戦後復興支援は、世界全体の支援を合わせたよりも、日本一カ国の方が多いんだ」と、何度かボスニアの人からお礼をいわれたことがある。

しかし、最近は日本よりももっと経済協力している国々がある。たとえば、二〇一一年は一位がアメリカ（三七九七万ドル）、二位がスペイン（三三六四〇万ドル）、三位がドイツ（三二九四万ドル）、四位がスウェーデン（三〇〇〇万ドル）、五位がスイス（二七四三万ドル）で、オーストリアやオランダなども多額の援助をしている。これに対して日本の援助は一五一万ドルだった（ＯＥＣＤ調査）。

だが、二〇〇八年から一二年の五年間の日本の援助の累計は、円借款が約一六七億円、無償資金協力が約二九五億円、技術協力が約五八億円。最も援助が必要だったボスニア戦争直後の一九九五年から九八年までの四年間の累計は、有償資金協力が約四一億円、無償資金協力が一九八億円、技術協力が約七億円で、その頃の援助は確かに大きかった。ちなみに無償資金協力のプロジェクトは地雷や不発弾の除去、小学校の校舎の改修や家具・暖房・教育機材の寄付などだ。

ボスニア・ヘルツェゴビナの人々が日本人こそ最大の支援者と思って感謝している

のは、日本政府が寄付した日の丸がデザインされた赤いバスがサラエボ市内をひっきりなしに走っていることもあるが、日本人は一度も危害を加えたことがないばかりか、他のヨーロッパの国とは違ってなんの下心もなく、ただ自分たちの幸せを願って誠実に援助してくれていると考えているからだ。

ここで日本人が好かれている証拠となる体験を三つ紹介したい。まず最初は、ベオグラードに住む友人がボスニアに里帰りをするのに便乗して、バニャ・ルーカを訪れたときのこと。そこでは日本人というだけで街で出会う人々から珍しがられ、ここでもずいぶん日本の援助に対して感謝の言葉を頂戴した。

ベオグラードへ戻るにあたり、帰りのバスは満員で八時間立つのかと憂鬱(ゆううつ)な気持ちでいると、私が日本人だと知って若者が席を譲ってくれた。途中、何度か「交代しましょう」と申し出たが、最後まで日本人を立たせるようなことはしなかった。

次の話は、仕事でサラエボへ行ったときのこと。細い田舎道で車がパンクして困っていると、対向車線を走ってきた一台の車が路肩にピタリと止まり、三人組の青年が降りてきた。たったひと言「日本人か?」と訊かれて、「はい」と答えると、F1レース並みの速さでタイヤ交換してくれ、お礼も受け取らずに颯爽と消えていった。

そして極めつけは、ボスニアの警察官の話。運悪く、サラエボ郊外の高速道路の入り口でスピード違反でつかまってしまったのだが、日本のパスポートを差し出すと途端に警察官の対応が優しくなった。そこで会話もはずみ、日本がボスニアにバスを寄付した話に及ぶと、ついに警察官は「スレタン・プート(良い旅を)!」といって見逃してくれたのだった。

私が個人的にバスをプレゼントしたわけではないのだが、席を譲ってくれたのも、パンクを修理してくれたのも、スピード違反を許してくれたのもこのことと無関係とは思えない。

大地震後、日本人設計の駅ビルで、
日出ずる国に思いを馳せる

マケドニア

1963年の首都スコピエ大地震で街が壊滅。日本人建築家の丹下健三の設計で、ショッピングセンターや駅ビルなどが建設され、都市は新たに生まれ変わった。近年、アレクサンダー大王の巨大な像、パリのシャンゼリゼ通りばりの凱旋門が建ち、ロンドンで見かける赤い2階建てバスが疾駆する。

そんな古くて新しい国は、国旗のデザインを大日本帝国軍の旭日旗から拝借したという説があるほどの親日国家だ。

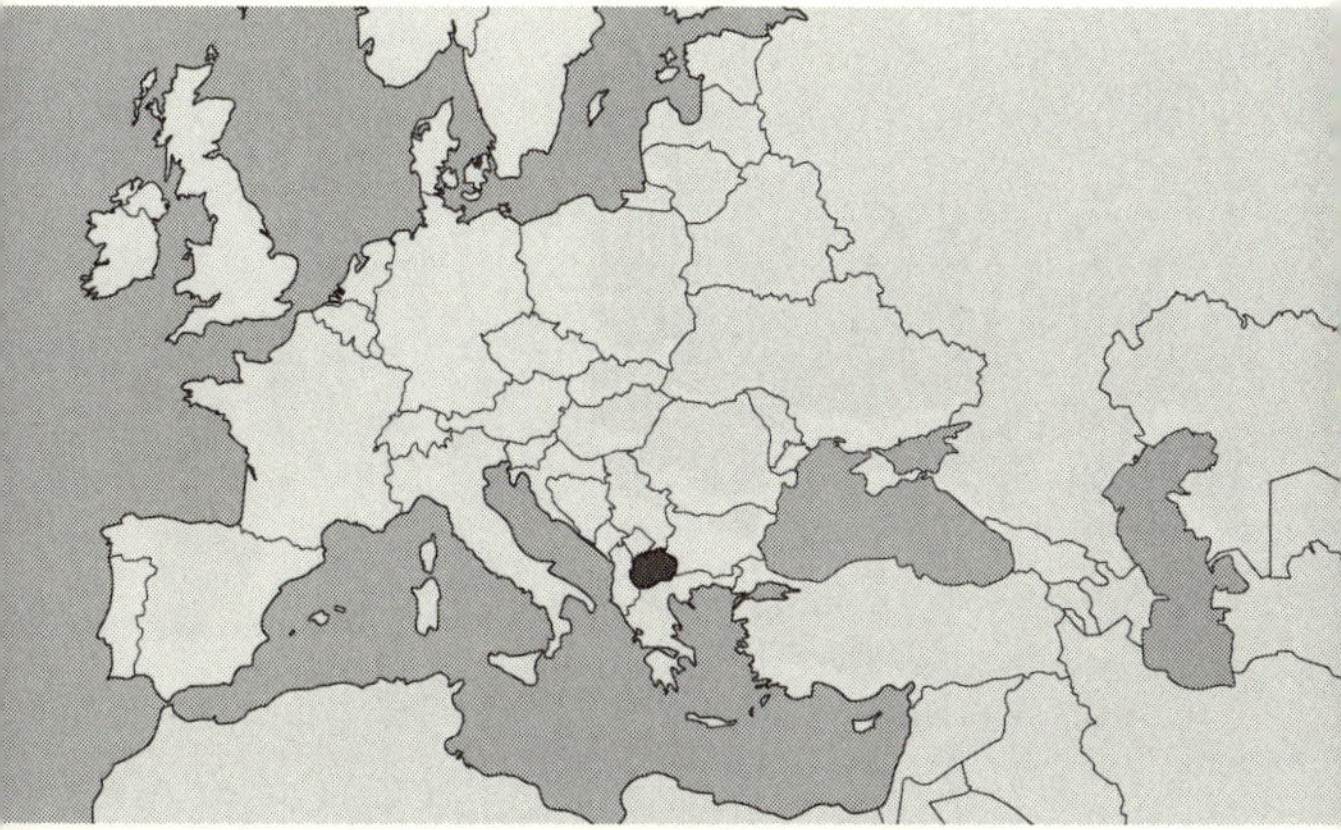

▶ **正式名称** マケドニア旧ユーゴスラビア共和国〈Formaer Yugoslav Republic of Macedonia〉
▶ **首都** スコピエ
▶ **人口［順位］** 209.6万人［146位］
▶ **面積［順位］** 25,713km^2［150位］
▶ **通貨** マケドニア・ディナール
▶ **主な言語** マケドニア語
▶ **世界遺産** オフリド地域の自然

地震で壊滅した街に希望を灯した日本

人口わずか二〇六万人で、新潟県ふたつ分ほどの国土面積のマケドニアは、〝日出ずる国〟日本に友好と尊敬の念を抱いている。

一九六三年、首都スコピエ大地震で街は壊滅状態にあった。そのとき街の中心にモダンなショッピングセンターや駅ビルを再建したのが日本だった。設計したのは、世界的建築家の故丹下健三氏で、マケドニアの人々はそのビルを眺めるたびに遠い日本に思いを馳せ、「大変なときに支援してくれたのが日本だったのです」と感謝の言葉を口にする。

あれから約半世紀が過ぎた二〇一一年、地震から復興した首都のまん中に巨大な騎馬像がお目見えし、古い石橋がポツンとあっただけのヴァルダル川の畔(ほとり)は見違えるような歴史の街に変貌した。

この騎馬像は、スコピエを観光地化しようと総額八〇〇〇万ユーロの予算をかけた国家的プロジェクト「スコピエ二〇一四」の目玉で、パリのシャンゼリゼ通りを思わせる凱旋門・パビリオン・橋といっしょに建造された。同時に、国立劇場、国会議事堂、新外務省、考古学博物館などもリニューアルされ、首都は美しく蘇った。そんな街の通りをロンドンとそっくりな赤い二階建てバスが走りぬける。

しかし、誰もが古代マケドニアのアレクサンダー大王の雄姿とわかる像の正式名は

「馬上の勇士」と命名された。ではなぜ、騎馬像を〝アレクサンダー大王像〟としないのか。それは旧ユーゴスラビアから分離独立したこの国が、国名を「マケドニア共和国」としたときに、隣国ギリシャから「古代マケドニアはギリシャなのだから、勝手に名前を使うな」と強硬に反対されたのと同じ理由だ。

ＥＵが加盟国ギリシャの主張を支持し、国連もこれに従った。そのため双方は、「マケドニア旧ユーゴスラビア共和国（略称ＦＹＲＯＭ／Former Yugoslav Republic of Macedonia）」という長い国名で妥協し、略称は「マケドニア共和国ＦＹ（Former Yugoslavia／旧ユーゴスラビア）」と呼ばれる。

だから国内では「マケドニア共和国」だが、海外メディアは必ず「ＦＹ」をつける。同じ野球チームに同姓の人がいると、カッコつきでファーストネームの頭文字がついているような感じだ。この二文字のアルファベットには、〝マケドニア〟といってもペルシャまで版図を広げたアレクサンダー大王の国ではなく、かつての旧ユーゴスラビア共和国の方だという意味がこめられている。

古代マケドニアは、現在のマケドニア共和国・ブルガリア・アルバニア・コソボ・ギリシャ北部一帯にあったとされる。学術的には、古代マケドニア人はすでにギリシャにもマケドニアにも存在せず、現在の「マケドニア人」はスラヴ系民族である。

こういった事情から、マケドニアの国名については一応日本もＥＵや国連にならっ

ている。とはいいながらも日本の場合、周辺諸国の事情を肌で感じる機会も少なく、そばでギリシャが目を光らせているわけでもないので、シリアスな問題と受けとめていない節がある。

以前、日本人をスコピエに案内したときのこと。〝マケドニア問題〟は、いわばバルカンの〝チベット問題〟や〝尖閣諸島問題〟で、非常にセンシティブな緊張感を伴う。そのため、マケドニア人は騎馬像を見上げて口ごもっているのに、日本人はすかさず「アレクサンダー大王ですね、素晴らしい！」と感嘆の声をあげた。

そのうえアレクサンダー大王や古代マケドニアに関するうんちくまで披歴する。もうひとり同行していたヨーロッパ人が、「おいおい、それはちょっと歴史認識が違うだろう」などと水をさすのだが、マケドニア人と日本人はお構いなしで歴史談義に花を咲かせていた。

マケドニア人にいわせると、周辺諸国やEUからはいつも「ものいい」をつけられ、プライドを傷つけられることが多い。だからこそ相手をリスペクトし、純粋なハートのもち主である日本人に真の友情を感じるのだという。

大日本帝国の旭日旗を拝借したマケドニア国旗？

一般には知られていないが、マケドニアと犬猿の仲にあるのは、ギリシャだけでなく東隣りのブルガリアも同じだ。三カ国ともかつてはビザンティン帝国、オスマン帝国に支配された経験をもつが、マケドニアは最もひどい目にあわされてきた。

旧ユーゴスラビアの公用語は〝セルボ・クロアチア語〟で、セルビア・クロアチア・ボスニア・モンテネグロで使われているが、マケドニアはブルガリアとほとんど同じ言葉と文字を用いている。

バルカン半島にある〝マケドニア地方〟は、一九一二年の第一次バルカン戦争でバルカン同盟四カ国がオスマン帝国に勝利して手にした土地で、モンテネグロを除くギリシャ・セルビア・ブルガリアの三カ国で分割した。そのときセルビアが、現マケドニア共和国にあたる土地を獲得し、第一次大戦後はユーゴスラビアの一共和国を構成していた。

しかし、それ以前の一三世紀は、この一帯はイヴァン・アセン二世が統治したブルガリア帝国領で、その後一四世紀にはセルビア王国がブルガリア軍を破って領土とした。そのため、ブルガリアはその地域の人々は本来ブルガリア人で、「もとよりマケドニア人もマケドニア語も存在しない」という立場をとっている。

マケドニア人が自らのアイデンティティーを古代マケドニアに求めるのは、このように周囲の国に翻弄（ほんろう）されてきた歴史があるからだ。だからマケドニアが旧ユーゴスラビアから独立したとき、新たに制定した旗には、古代マケドニアのシンボル「ヴェルギナの星」が赤地に燦然と輝いていた。

当然、ギリシャは「マケドニア」の国名と同じく国旗にも猛抗議。確かに、ギリシャのマケドニア州の旗は紺地に「ヴェルギナの星」という色こそ違えど瓜二つで、歴史問題がなくても商標登録でクレームがつきそうだった。

そこでマケドニアが次に考えた国旗は、黄色地の中心に赤い太陽を置き、八つの光を放つ図案だった。これは大日本帝国時代の旭日旗そっくりで、日本の旗は白地に一六条の光を発していたが、マケドニアは黄色地に八条の光というものだ。マケドニアの人々は日本の古い歴史や文化を敬愛しているうえ、両国の間には領土や民族問題もないので苦肉の策で拝借したようだ。

そういえば「衝突を避ける、温厚、自己主張しない」というマケドニア人の性格は、日本人とよく似ている。また夫が一家の柱で、女性が男性を立てるマケドニアの一般家庭のありようは、昭和の日本を彷彿（ほうふつ）させる。

亭主関白の知人の柔道家は「日本もマケドニアも古い歴史のある国。人々は寛容で周囲の文化を受け入れて、独自の文化をつくっています」「日本人は武士道の〝魂〟があり、周辺の大国に屈せずに、戦後、素晴らしい復興を遂げた世界の模範の国です」と称賛する。

そんな純朴で古風な人々は、お祝いの宴が白熱してくると手をつないで輪になってステップを踏む。軽快だがどこか東洋的な調べで、一族や隣近所まで総出となる「オロダンス」は、祭り囃子（ばやし）にのって踊る日本の盆踊りに似ていて、なんだか郷愁が湧いてしまう。

サッカー好きで血の気は多いが、
困った日本人をほうっておけない人々

クロアチア

日本とクロアチアは、1993 年に国交が樹立されて以来、今日まで友好な関係を築いている。

ユーゴ内戦終結から間もないころ、筆者がクロアチアの薬局で長い列に並んだ際、窓口で外貨は受け取れないといわれて困っていると、後ろのクロアチア人が現地通貨を差し出して助けてくれた。

ただしサッカーのこととなると親日家でも目の色が変わるので、そこは注意されたい。

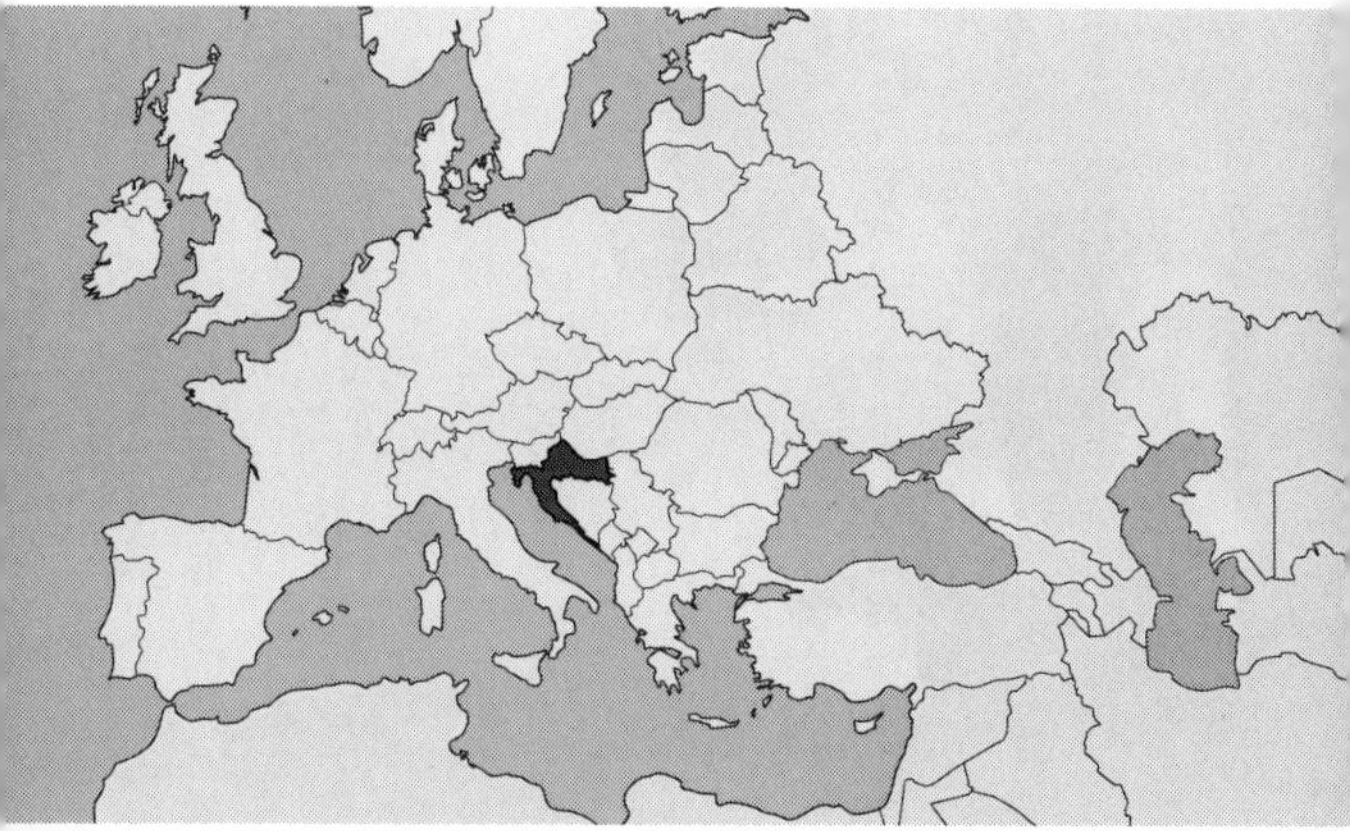

- ▶ 正式名称　クロアチア共和国〈Republic of Croatia〉
- ▶ 首　　都　ザグレブ
- ▶ 人口［順位］　446.4 万人［126 位］
- ▶ 面積［順位］　56,594km^2［127 位］
- ▶ 通　　貨　クーナ
- ▶ 主な言語　クロアチア語
- ▶ 世界遺産　ドゥブロヴニク旧市街、スタリー・グラード平原　など

困っている日本人をほうっておけない人々

クロアチアはとても親日的な国だ。クロアチア人は日本人に好意的でとても親切だと断言できるのは、あの日のザグレブの思い出があるからだ。

それは、一九九五年末のユーゴ内戦終結から間もない、街がまだセピア色に見える時代のことだった。ハンガリーの地方都市の難民キャンプで働くオランダの友人とボスニア難民男性の結婚式に招待され、私たち夫婦はバスでベオグラードからザグレブ経由でハンガリーへ向かうルートを選んだ。当時ユーゴスラビア（セルビア）とクロアチアは国交断絶中で、ベオグラード発の「ザグレブ行き」表示のバスを運転するセルビア人運転手は国境でUターンし、そこで降ろされた乗客はクロアチアのバスに乗り換えた。

さてさて、そのバスのなかで夫の具合が悪くなり、ザグレブに到着するとすぐに救急病院に駆けこんだ。簡単な診察の後、医者からクスリの名前が書かれた紙切れを渡され、出向いた先の薬局の長い列に並んだ。やっと順番が回ってきたというのに、「外貨は受け取れません」と窓口の婦人はそっけない態度。これから両替所を探して、戻ってまた列に並び直すのかと思うとため息が出た。

「そこをなんとかなりませんか」と日本のパスポートを取り出して交渉しようとした矢先、目の前にクロアチアの現地通貨をのせた手がにょきっと差し出された。感謝感

激、渡りに船、袖振り合うも多生の縁。列の後ろで助けてくれた紳士にお礼をいって、代金相当のドイツマルクを手渡そうとすると、いえいえ困ったときはお互い様と毅然とした態度で断られた。

世の中、そう捨てたもんじゃない。スラヴ人は元来親切な人が多いが、特にクロアチア人は親切だなあ〜、と感じ入ったのだった。

サッカーに熱い親日国家

クロアチアと日本は、一九九三年三月に国交が樹立されて以来、この二〇年間とても友好的な関係を築いている。それはさておき、老婆心ながらクロアチアを訪れる日本人にひとつだけ「注意喚起」を促しておきたい。

二〇一四年開催のＦＩＦＡワールドカップブラジル大会は、まだ記憶に新しいことと思う。その開幕のブラジル対クロアチア戦では、三－一でクロアチアが負けたのだが、そのときの主審を務めたのは西村雄一氏だった。大切な試合を任されたことは、日本人の西村氏が公平で冷静な判断をするというＦＩＦＡの信頼にほかならない。

だが、ブラジルがオウンゴールでクロアチアに一点献上した後、クロアチア選手の反則をとってＰＫ（ペナルティーキック）をとったのが西村氏だった。この判定にクロアチア選手やコバチ監督が猛抗議。結局、ブラジルのエースのネイマール選手がＰ

Kでシュートを決め、試合の流れは大きく変わった。

　テレビの実況中継でこの試合を見ていたが、なにが起きたのかわからないくらいの軽い接触の後、不意にホイッスルが鳴った。だが、アングルを変えてビデオ検証してみると、確かにクロアチアのロヴレン選手がブラジルのフレッジ選手の背後から手でつかんでいる。また、ブラジル選手の倒れ方が「PKをとろうとする〝お見事〟なプレーだった」という人や、「この程度ならば〝警告〟で見逃がされるべき」と解説する人もいた。

　しかし問題はクロアチアがサッカーの盛んな国であるだけでなく、血の気の多い国民性ということだ。初戦から水をさされた形のコバチ監督の「あれがPKなら我々はもうサッカーをする必要がない」という断固としたコメントに、国民は「そうだ、そうだ！」と同調。

　現地では西村氏がFIFAや主催国のまわし者であるかのように報じ、ブラジルに有利にふるまったと揶揄する風刺画まで登場した。日頃は親日的な国民も、サッカーのこととなると目の色が変わるから注意したい。

　しかし、それ以前はツジマン大統領自身の積極的な引き合いもあって、Jリーガーだったキング・カズこと三浦知良選手がディナモ・ザグレブ（一九九八－九九年）へ。伊野波雅彦選手もハイドュク・スプリト（二〇一一－一二年）に在籍し、温かな歓迎を受けていた。

基本的に親日は揺るぎないので、次のワールドカップまでには信頼関係は取り戻せていることだろう。

実は長い間、戦争状態にあったが、
勤勉な日本人を尊敬

モンテネグロ

日露戦争でロシア側についたモンテネグロは日本に宣戦布告したが、参戦せずにうやむやとなった。
2006年、日本が戦争終結を宣言したことで、公式に戦争状態に幕が引かれ、
そんな歴史をわきまえた人々は、冗談半分で「まだ日本と戦争してるんだ」と話しかけてきたものだが、実はとても親日的。
怠け者といわれるモンテネグロ人は、時間に正確で規則正しい日本人への称賛の言葉を惜しまない。

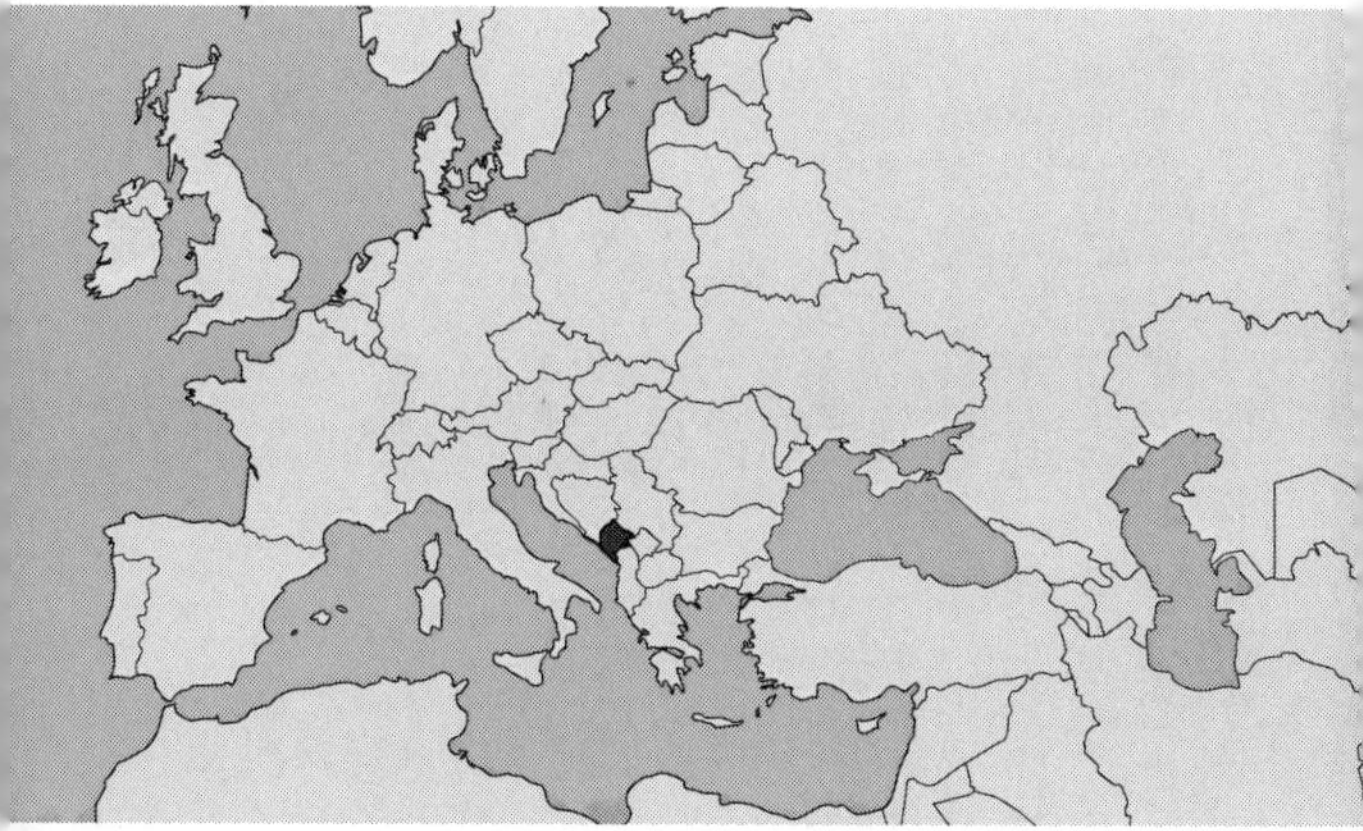

- ▶ 正式名称　モンテネグロ〈Montenegro〉
- ▶ 首　　都　ポドゴリツァ
- ▶ 人口［順位］　64.7万人［168位］
- ▶ 面積［順位］　13,812km^2［162位］
- ▶ 通　　貨　ユーロ
- ▶ 主な言語　セルビア語、モンテネグロ語
- ▶ 世界遺産　コトルの自然と文化歴史地域、ドゥルミトル国立公園

一〇一年間も日本と戦争状態にあった国

フランスの高級避暑地コート・ダジュールに匹敵する青い宝石のように輝くアドリア海沿いにビーチをもつモンテネグロは、長い間ユーゴスラビアの秘境といわれてきた。

イタリア語で〝黒山〟を意味する国名の通り、黒いゴツゴツした岩の山に覆われている。そのお陰で、中世にオスマン帝国軍が進軍してきたときは山の頂から大きな岩石を落として撃退し、独立をたもったという言い伝えがある。

第一次大戦後にユーゴスラビアの一員となったが、二〇〇六年の国民投票で独立に必要な最低限の賛成を〇・五パーセントだけ上回ってセルビアとは平和裏に分離独立したものの、日本とは珍しい敵対関係の歴史がある。

というのは、一九〇五年の日露戦争の際、モンテネグロ公国はロシアの同盟国として日本に宣戦布告した。義勇兵をつのり満州まで派遣したのだが、結局、戦闘には参加しなかった。そのためモンテネグロは講和条約会議に招待されず、戦争状態は終結しないままうやむやになった。歳月は流れ、二〇〇六年六月にモンテネグロが独立した際、日本政府は外務大臣と首相特使を派遣して、独立承認と戦争終結を宣言する文書を届けたことで、晴れて一〇一年の〝戦争状態〟に幕が引かれたのだった。

日本人はあまり知らないこの史実は、モンテネグロ人に会うと決まってニヤニヤ

to JAPAN

と、ときには誇らしげに聞かされる。「モンテネグロは日本とはまだ戦争してるんだよね」と。そうはいいながら、モンテネグロの人々はとても親日的だ。〝怠け者〟と旧ユーゴスラビア諸国ではレッテルを貼られているモンテネグロ人だが、日本人の「時間に正確・規則正しい・勤勉」という特長を、友情と親しみをこめて誉め称えてくれる。

ここで、地元で耳にしたこんなジョークを紹介しよう。

〈豪華客船タイタニック号沈没の民族ジョーク、モンテネグロ版〉

タイタニックが沈没し、投げ出されたモンテネグロ人と日本人はたまたまひとつの木切れにつかまって海に浮かんでいた。小さな木なので、このままだとふたりとも沈んでしまう。日本人がモンテネグロ人に「どうする?」と訊ねた。するとモンテネグロ人はいった。「お前は仕事のことだけ考えていればいいよ」と。

日本人は仕事第一なので、ほかのことには考えが及ばない。生きるか死ぬかのときも「仕事」の方をトル、というオチだ。

最後に、モンテネグロには「JAPAN(ヤーパン)」という名の村がアルバニア国境の山の上にあるという。その由来を訊ねてみるとこんな答えが返ってきた。

「いやー、遠くて誰も行ったことがない、見知らぬ土地なんだよ、〝日本(ヤーパン)〟みたいにね」。

日本の美しい自然や伝承を愛し、
日本人になった小泉八雲

ギリシャ

『雪女』『耳なし芳一のはなし』など怪談小説を著した作家の小泉八雲はギリシャ人で、日本人の魂は古代ギリシャ人の精神と不思議に似ているといった。

とりわけ八雲は日本の桜の美しさに息を飲み、日本人の微笑を念入りに仕上げられ、長年育まれた作法と評価。

道徳面では、西洋文明よりはるかに進んでいるといい、日本人の美しい心を見つめ、敬愛した。

- ▶ 正式名称　ギリシャ共和国〈Hellenic Republic〉
- ▶ 首　　都　アテネ
- ▶ 人口［順位］　1077.5 万人 [83 位]
- ▶ 面積［順位］　131,957km^2[97 位]
- ▶ 通　　貨　ユーロ
- ▶ 主な言語　ギリシャ語
- ▶ 世界遺産　バッサイのアポロ・エピクリオス神殿、アテネのアクロポリス、コルフ旧市街　など

日本人になったラフカディオ・ハーン

外国人で日本に憧れ「日本人になりたい」という人は時々見かけるが、実際に「日本人になった」のがギリシャ生まれのラフカディオ・ハーンだ。彼の小泉八雲という日本名は有名だが、それ以上に知られているのは『雪女』『耳なし芳一のはなし』『むじな』『ろくろ首』などの怪談の方かもしれない。

昭和三〇~四〇年代の夏の風物詩といえば、スイカ・線香花火・蚊取り線香等々。お盆の頃には、テレビで怪談話が放送されるのが夏の夜の定番だった。彼の作品には鬼や「のっぺらぼう」など日本古来の妖怪がよく登場するが、クライマックスに達すると背筋がゾワッと寒くなり、冷や汗をかいて暑さが吹き飛ばされたものだった。

ラフカディオ・ハーンの父はアイルランド出身のイギリス軍医で、ギリシャのイオニア海のレフカダ（Lefkada）島に赴任した際に知り合ったギリシャ人女性と結婚。ここで生まれた子どもは、島にちなんでラフカディオ（Lafcadio）というミドルネームが授けられた。

この島は紀元前七~六世紀の古代ギリシャの女流詩人サッポー（英名サッフォー）のゆかりの地でもあり、眼前には断崖絶壁とエメラルドグリーンの大海原が広がる。この息を飲むような絶景のためだろうか、渡し守に恋こがれたあげく失恋したサッポーは、このレフカタス岬から身を投げて海の藻屑と消えたという伝承がある。

Ayashiku,
Utsukushii!

ハーンは幼い頃に父の実家のダブリンに移り住み、その後イギリスやフランスで教育を受ける。やがてアメリカに渡って新聞記者をしていたとき、〝世界一周の旅レース〟をした同僚の女性記者エリザベス・ビスランド（ハーンの死後に彼の伝記を執筆）から、「日本は清潔で美しく人も文明社会に汚染されていない夢のような国だった」と聞き、太平洋を隔てた遠い島国に憧れをいだいた。

明治二三年（一八九〇年）、三九歳の彼はついにアメリカの雑誌通信員として船で横浜に上陸。だが、まもなくトラブルで記者の職を失うと、以前ニューオーリンズ万博で出会った文部省官僚に、島根県の中学校と師範学校の英語教師の職を斡旋してもらう。のちに東京帝国大学（現東京大学）でも教鞭をとり、怪談や『知られぬ日本の面影』などの評論も著した。

小泉八雲の作品の随所に自然への畏敬や呪術的な怪しさが見られるのは、ギリシャとアイルランドが土地に根づいた神話や伝説の宝庫であることと無縁ではなさそうだ。これに加えて「自然と人生を楽しみ、愛すという点で、日本人の魂は、古代ギリシャ人の精神と不思議に似ていることがある」と彼自身がいうように、ふたつの祖国と日本が組み合わさって独自の作品が生まれたのだろう。

「いったい、日本の国では、どうしてこんなに樹木が美しいのだろう。西洋では梅が咲いても、桜がほころびても、格別なんら目を驚かすこともないのに、それが日本の国だと、まるで奇跡になる。その美しさは、いかほど前にそのことを書物で読んだ人でも、実際に目の当たりにそれを見たら、アッと口が利けなくなるくらい、あやしく美しいのである」

この八雲の言葉に、外国に暮らす私たちは深く共感できる。海外にも桜は植樹されていて、春になればみごとな花を咲かせるのだが、なぜか日本と比べて感動がなく見劣りする。日本の桜は長い歴史と風土に育まれたもので、桜には歌があり、詩があり、ドラマがある。古代から現代に至るまで、いったいどれだけ多くの日本人が桜の心を詠(うた)ったことだろうか。

日本を愛した八雲は、日本人のさりげない言動を注視し見逃さない。ある日、日本人の妻セツが、微笑をたたえながら親戚の死を語る。すると日本人は悲しい感情を表には出さず、笑みさえ浮かべ相手を気遣うとは素晴らしいと、いたく心を打たれる。「日本人の微笑は、念入りに仕上げられ、長年育まれてきた作法なのである。それはまた、沈黙の言語でもある」とも語っている。

また「日本の文明は、物質的には発展途上だが、それだけ道徳面では西洋文明よりはるかに進んでいる」と八雲はいう。そんな夫を妻セツは、日本と日本風を愛した八雲語録のなかで「西洋風となるとさも賤(いや)しんだように『日本に、こんな美しい心があります。なぜ、西洋の真似をしますか』という調子でした」と紹介している。

明治の日本と日本人に魅せられた八雲は、すっかり西洋化した現代の日本人が、もう一度立ち返るべき〝日本の心〟を教えているのかもしれない。

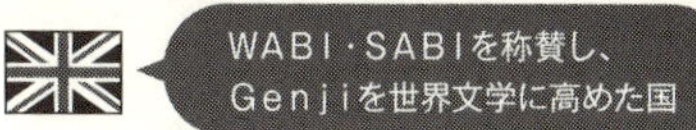

イギリス

英国王室と日本皇室は、古くから信頼の絆で結ばれている。
この伝統と格式の国を代表するのが紅茶文化。イギリス人にとって、
紅茶は生活であり、文化であり、高尚な精神性の発露といえる。
だからこそ、日本の茶の湯のWABI・SABIに深く共鳴する。
ところで世界に日本文化が知られているのは、
東洋学者のウェイリーの功績が大きい。また、詩人のアーノルド卿は日本を
地上で最も天国に近づいている国と紹介。

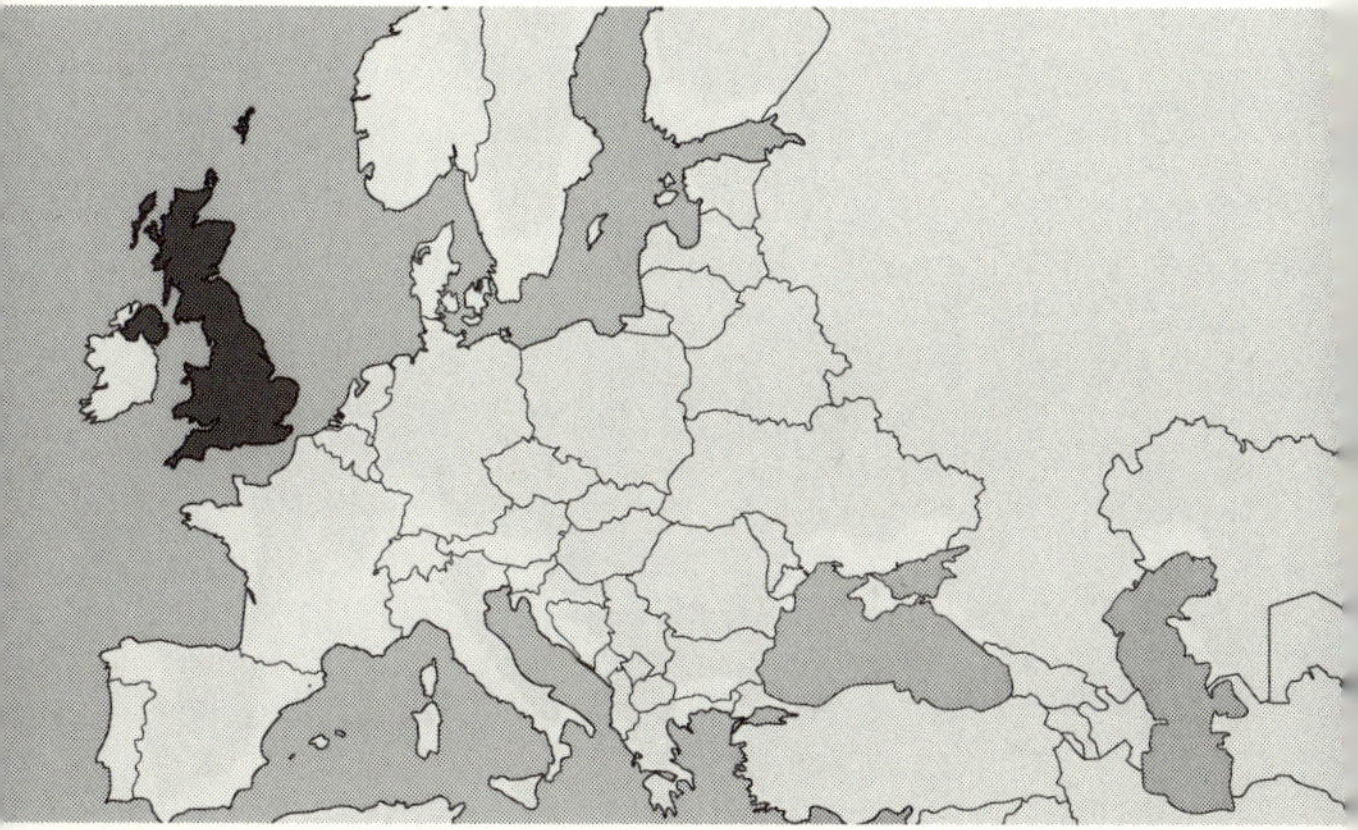

- ▶ **正式名称** グレートブリテン及び北アイルランド連合王国〈United Kingdom of Great Britain and Northern Irelan
- ▶ **首　　都** ロンドン
- ▶ **人口［順位］** 6408.8 万人［23 位］
- ▶ **面積［順位］** 243,610km²［80 位］
- ▶ **通　　貨** ポンド
- ▶ **主な言語** 英語
- ▶ **世界遺産** グウィネズのエドワード 1 世の城群と市壁群、ストーンヘンジ、フォース橋　など

日本はEU加盟国？

格安チケットが売りの航空会社が使用する空港は、ロンドン市内地図には収まりきらない一〇〇キロも離れた辺鄙な場所にあった。入国審査のカウンターは「本国」「EU」「その他の国」に分かれていて、もちろん私たちは「その他」のプレートの看板の列に連なり、全身黒ずくめの中東イスラム圏の人や、縄のれんのように髪を編んだレゲエ頭の中南米人らしき若者の後ろに並んだ。

こんな感覚は久しぶりだった。なぜならEUができてからというもの、ヨーロッパ各国の国境越えは格段に楽になったからだ。EU加盟国同士では国境がなくなっているし、空路で入国する際もパスポートチェックが簡単になった。あるいは「JAPAN」という赤い表紙を見せただけで、中身も見ずにすんなりと通過をうながされることも多くなった。そんなとき日本のパスポートは、まるで水戸黄門の印籠のように頼もしくもある。

だが、島国イギリスの入国審査は厳しいことで有名で、いつもちょっと緊張を強いられる。巨大な虫眼鏡のフレームのような金属探知機で執拗にボディーチェックされるのは、あまり気持ちいいものではない。

そこまで徹底するのには、理由がある。ひと昔前には、東欧や貧しい国々から家族や親戚を頼って入国した人々が、ビザの滞在期間を過ぎてもそのまま居つき、不法労働や不法滞在者の増加が大きな社会問題となった。ＥＵが拡大した二〇〇四年以降は、人の移動が自由になったことで、一〇〇万人ものポーランド人が流入したといわれ、イギリス社会は大混乱に陥った。そのとばっちりを受けて、旧ユーゴスラビアからイギリスの空港まで来たものの、入国審査で五つの係をたらい回しにされて、結局強制送還されたという知人の話もある。

ようやく順番が回ってカウンターで滞在場所やフライト情報を記入した入国カードとパスポートを見せると、お決まりの質問が飛んできた。「ご夫婦ですか」「目的は」と。しかし、たまたま良い女性係官に当たったらしく、「ロンドンにはお友達はいますか」などとこちらが驚くほど非常に愛想よく対応された。

最後に「日本はＥＵでしたっけ？」と真顔で訊かれた。ちょっと戸惑(とまど)いながらも、「Not yet.（いいえ、まだなんですよ。）」と冗談まじりに返すと、係官も思わずニッコリ微笑(ほほえ)みかえし、晴れて私たちはイギリスの大地を踏んだ。

だがアジアの最果ての日本がヨーロッパであるはずはなく、とすればＥＵに加盟しているわけもない。時にヨーロッパでは、Ｇ８（ジーエイト／主要国首脳会議）の一員として世界の頂点の八カ国に数えられる日本は、それなりのステータスがあることを逆に気づかされることがある。なにしろ日本のパスポートは、海外に出ると強い。つまり日本という国が信用されているのを、こんな形で体感することもある。

日本から見れば、イギリスはまぎれもなくヨーロッパの代表国のひとつだ。でも、大陸と離れた島国イギリスは、EUあるいはヨーロッパの仲間というよりも、カナダ・オーストラリア・南太平洋などの旧植民地諸国からなるイギリス連邦の中心といった意識の方が強いのかもしれない。ロンドンの空港係官はジョークの才に長けていたのでなく、あまりEUに興味がなかったのか、つい「日本はEUか」と口をついて出たのだろう。

ここで日本が与える影響が「ポジティブ」か「ネガティブ」かというBBCのアンケート調査（二〇一三年）を見ると、五九パーセントのイギリス人が日本に対して「ポジティブ」と答えた。この数字は大の親日国ポーランドと同じで、ヨーロッパとしては最高だ。逆に、日本人が自国に対して「ポジティブ」と答えた人は四五パーセントと低い数字で、良くいえば謙虚、悪くいえば自己嫌悪的でネガティブな気質が浮き彫りになった。

ところで、日本人が海外で信頼を得ているのは嬉しいが、反面「おとなしい」「信用できる」「お金持ち」という看板はカモにもなりやすい。「やられたっ‼」。ミュージカルを観てウキウキ気分で帰ってきた私は、ウェストポーチを開けると一瞬凍りついた。じゅうぶん警戒していたはずなのに、朝夕は東京の山手線なみに混雑するロンドンの〝チューブ〟という愛称のメトロの満員電車で、二〇年ぶりにスリに遭遇したのだった。

王室と皇室外交

二〇一二年のロンドン五輪は、シェークスピアの『嵐』の台詞から壮大な大英帝国の歴史大絵巻で幕を開けた。なによりも圧巻だったのは、ピンクのドレスに身を包んだ八六歳の女王エリザベス二世が、『007』ジェームス・ボンドに伴われてバッキンガム宮殿からヘリコプターに乗りこみ、空から舞い降りるパフォーマンスを披露した開会宣言だ。

もちろんスタントマンの替え玉だが、そんな大仕掛けの危険なトリックに一役買ってくれた女王は、エンタテイナーとしても世界中から大喝采を浴びた。その年に在位六〇周年を迎えた女王は、世界最大のスポーツの祭典の場で〝世界の王者〟の風格を見せつけた。

イギリス王室のルーツはデンマーク王家にあるので、ヨーロッパ王族のルーツをたどればすべてデンマーク王家に行きつくといわれる。だが、ヨーロッパの王族のなかで最もパワーと影響力があるのはやはりイギリス王家ということは論を待たない。

歴史を紐(ひも)解けば、イギリス王家は同じアングロサクソン系のドイツの王侯との婚姻が多い。さらに、多くのヨーロッパ諸国（ベルギー、ギリシャ、ブルガリアなど）

は、イギリスの後押しで王国となり独立を保障された歴史がある。

また女王はイギリスを含めたカナダ、オーストラリア、ニュージーランド、中南米や南太平洋の国々を合わせた一六カ国の君主であり、かつイギリス国教会の教主でもある。さらに、イギリスの君主は「君臨すれど統治せず」という不文律があるが、日本の天皇のような「象徴」というだけの存在ではない。イギリス君主は、ランカスターやコーンウォールといった広大で風光明媚な領地も所有していて、そこでの収益は個人所得として認められる。たとえば王が所有する五つの王冠や一万二〇〇〇個ものダイヤモンドなどを一般公開するロンドン塔には年間約二五〇万人が訪れ、その観覧料の約三〇億円は王家の収入となる。米『フォーブス』誌によれば、王室が所有する土地はバッキンガム宮殿などの国有財産を除いて推定一〇〇億ドルにも達するという。

そんな世界有数の大富豪でもある君主の在位六〇周年の式典には、日本を含めた世界二六カ国の国王・女王・首長あるいは皇太子などが祝福に駆けつけた。宮内庁の発表によれば、昼食会では女王の隣の席が日本の今上（きんじょう）天皇だった。伝統と格式あるイギリスの女王が、世界一歴史の古い日本の天皇を重んじたゆえのことだ。また、一九五三年に若きエリザベスが女王の戴冠式（たいかんしき）にも、天皇の名代として明仁皇太子（今上天皇）が列席している。

ところで、イギリスの王室と日本の皇室のつながりは、大正時代にさかのぼる。大正一〇年（一九二一年）、御召艦『香取』にて若干一九歳の裕仁皇太子（のちの昭和天皇）は横須賀から香港を経由して、はるかイギリスへと赴いた。この時、わざわざイギリス南部のポーツマス軍港外に着港した船までエドワード皇太子が出迎え、そこから鉄道でロンドンまでエスコート。しかも、ロンドン市内のパレードでは、傍らに座った国王ジョージ五世（女王エリザベス二世の祖父）が皇太子を孫のように慈しみ、イギリス国民から盛大な歓迎を受けたと記録されている。

また、第二次大戦後に昭和天皇の御名代として明仁皇太子（今上天皇）がエリザベス女王の戴冠式にご出席されたとき、歓迎の任に当たった宰相チャーチルは、慣例をたがえて女王陛下への乾杯の前に、伝統ある日本文化と芸術を称えて皇太子殿下歓迎のための乾杯の音頭をとった。

というのはチャーチルの母親は日本を旅したこともある見聞の広い女性で、その影響で彼も親日家になったという。第二次大戦ではイギリスと日本は敵対関係にあったため、当時のイギリス人は日本嫌いの人も多かったが、チャーチルの皇太子への真心の待遇を目の当たりにして国民感情もすっかり和らいだのだった。

午後の紅茶と日本の茶道の深い関係

朝、ベッドルームに運ばれる目覚めの一杯がモーニング・ティー。お決まりの目玉焼き、ベーコン、ソーセージ、煮豆、マッシュルーム、焼きトマトが大皿に盛られるイギリス式朝食では、ブレックファースト・ティー。そして昼下がりには、サンドイッチ、スコーンやケーキの三段重ねをお供にしたアフタヌーン・ティーが欠かせない。イギリスにおける紅茶は、単なる食の一部でなく、生活であり文化であり、憩い・和み・癒しといった高尚な精神性が凝縮されている。

紅茶といえばリプトンやフォートナム&メイソン社のイングリッシュ・ティーが名高いが、原産は中国の雲南省からチベットとミャンマーにかけての山岳地方だ。そして紅茶と緑茶は同じ葉で、製法により味や色が違ってくることはあまり知られていない。

有史以来、中国では健康長寿の霊薬(れいやく)として珍重され、一般に飲用されるようになったのは六世紀以降。お茶のシルクロード「茶馬古道」を通ってヨーロッパに伝えられた。ヨーロッパではイギリスのように「ティー」、あるいはイタリア、フランス、ドイツ、北欧など「テ」または「テー」と呼ばれることが多く、これは中国福建省のアモイから海路で運ばれた国々。他方、日本と同じ「チャ」や「チャイ」と呼ぶのは、ロシア、チベット、インド、ペルシャ、アラビア、トルコ、旧ユーゴスラビアの陸路ルートでもたらされた国々だ。

だが例外もあり、航路で運ばれたポルトガルも「チャ（cha）」と呼ぶ。これは当時日本・中国・インドに暮らしていたイエズス会の宣教師たちが、他のヨーロッパ諸国より先に「茶」の存在を本国に伝えたからだといわれている。

一六世紀に、日本では織田信長が茶を好み、千利休が茶の湯文化を確立して茶会が頻繁に開かれるようになり、武士が礼儀作法を学ぶ場にもなっていた。ヨーロッパ人が称賛を惜しまない「ＷＡＢＩ（侘）・ＳＡＢＩ（寂）」の日本文化もこの茶道から来ている。こうした日本の茶の文化が紅茶といっしょにヨーロッパに伝えられ、東洋の神秘の象徴として王侯貴族の憧れの的となった。

しかし、元をたどればイギリスに紅茶文化をもたらしたのは、日本やアジアの文化を伝え聞いたポルトガル王女に行きつく。一七世紀、ポルトガルのブラガンザ王家からチャールズ二世に嫁いだ王妃キャサリンは、宮廷にはじめてティータイムをもうけ王侯貴族の社交場で稀少な紅茶をふるまった。

当時、南米にも植民地を獲得していたポルトガルは、高価な砂糖を王女の持参金として船で大量に運び入れていた。キャサリン王妃は色鮮やかな中国や日本の陶磁器も宮廷に持ちこみ、優雅な彩器に注いだ紅茶にたっぷり砂糖を入れて贅沢な午後のサロンができあがった。王妃が開いたアフタヌーン・ティーが貴族たちの間で流行し、やがてイギリスの習慣として一般庶民にも裾野を広げていった。

イギリス人が観た〝ジャパン〟

産業革命で世界が大いに活気づく時代、一九世紀のヨーロッパ人が日本をどのように見ていたかが垣間見られる映画に『八〇日間世界一周』(ジュール・ヴェルヌ原作/一八七二年マイケル・アンダーソン監督/米一九五六年制作)がある。

あるイギリス人の資産家がロンドンからスエズ～インド～香港～日本～アメリカへと、鉄道と蒸気船を乗り継いで世界を八〇日で駆けめぐる物語だ。この映画は知らなくても、大空を羽ばたくようなテーマ曲『アラウンド・ザ・ワールド』は、耳にしたことがあるはずだ。

主人公は船で横浜に上陸した後、サーカスの一座に紛れこむ。世界各都市を回り、ご当地を生き生きと紹介する旅行ムービーの草分け的映画で、日本を代表する風景がサーカスなのはちょっと意外な気がする。

イギリスにおけるジャポニスムは、この小説より少し前のロンドン万博(一八六二年)が火つけ役となった。出品された日本の陶器や置物が人気を博し、一気に日本文化への関心が高まった。サヴォイ劇場では日本を舞台にしたウィリアム・S・ギルバートの戯曲『THE MIKADO』というオペレッタが大ヒットし、女性モード雑誌では日本風のキモノドレスが目を引いた。

一八七〇年代はそんな日本ブームの波に乗って、文明開化前夜の日本から手品や曲芸を得意とする興行師たちがイギリスへと上陸。そこではジャパニーズ・ヴィレッジ（日本村）と呼ばれる見世物小屋や日本の品物を売る店が繁盛した。だから映画は、ヨーロッパに渡った日本の興行師たちの成功談の裏がえしでもあるわけだ。

ところで、日本文学が世界によく知られているのは、イギリス人の東洋学者で日英翻訳の先駆者アーサー・ウェイリーの功績が大きい。彼は日本人でも難解な古文を独学で学び、『The Tale of Genji（源氏物語）』を英訳し、第一次大戦から間もない一九二一年に発刊された。なによりも一一世紀初頭の女性がリアリティに満ちた長編小説を描いたことに、世界が驚愕。日本の四季折々の豊かな自然のなかで織りなされる男女の恋愛物語は、当時の文化や習慣に解説を加えた名訳のお陰で新たな息吹が吹きこまれた。その後、英語から多言語に翻訳され、日本文学は世界で刮目（かつもく）される地位を確立した。

ウェイリー氏が日本文化をこよなく愛しながらも、日本を訪れたことがなかったのに対し、イギリスの旅行家イザベラ・バード女史は、一八七八年（明治一一年）に日本を旅している。彼女は、東北から北海道まで旅行した紀行文のなかで「女性が外国の衣装で一人旅すれば現実の危険はないとしても、無礼や侮辱に遭ったり、金をしぼられたりするものであるが、私は一度たりとも無礼な目に遭わなかったし、法外な料金をふっかけられたりしたことはない」と、日本人の礼節を高く評価している。

ほかにも詩人で東洋学者のエドウィン・アーノルド卿は、一八八九年（明治二二年）に来日した歓迎の晩餐会で、次のように日本を手ばなしで誉めている。

「地上で天国あるいは極楽に最も近づいている国だ。……その景色は妖精のように優美で、その武術は絶妙であり、その神のようにやさしい性質はさらに美しく、その魅力的な態度、その礼儀正しさは、謙譲ではあるが卑屈に堕（だ）することなく、精巧であるが飾ることもない。これこそ日本を、人生を生き甲斐あらしめるほとんどすべてのことにおいて、あらゆる他国より一段と高い位置に置くものである」と。

現代の親日家も紹介しておこう。今は亡きロックバンド・クイーンのフレディ・マーキュリーは伊万里焼や日本のアンティークの収集家で、ロンドンの自宅に造らせた日本庭園の池には鯉が泳いでいた。来日時には、床に敷いた布団に寝て、酒風呂まで試すなど日本への好奇心は尽きなかった。「ボヘミアン・ラプソディ」「キラー・クイーン」などヒット曲は数あるが、「ＬＡ　ＪＡＰＯＮＡＩＳＥ」では日本語で「遠い国のあなたに魅せられて　あまりにも美しい、夢のよう　いつまでもいい愛の光、希望の夢」「富士の雪、京都の雨、東京の夜」と歌っている。

江戸時代のファースト・サムライ

親日家トム・クルーズが主演し、渡辺謙・真田広之・小雪らが出演し日本の武士道を熱く描いたハリウッド映画『ラストサムライ』は、もちろんアメリカでも大ヒットした。

してみると徳川家康の通訳兼外交顧問だったウィリアム・アダムス（日本名／三浦按針）は、さしずめ青い目の〝ファースト・サムライ〟といえなくもない。もし彼がいなかったら、日本の歴史は大きく変わっていただろう。

イギリス生まれの航海士アダムスは、オランダの四隻の船とともにリーフデ号でアジアに向けて出航する。船は次々に遭難し、最終的に一隻だけが豊後国（大分県）に命からがら漂着したのは、一六〇〇年（慶長五年）の関ヶ原の戦いの半年前のことだった。

乗組員たちははじめに豊臣秀頼の居城する大坂城に連行されたが、その後病気の船長の代わりにアダムスが五大老のひとり徳川家康に呼び出された。というのは、当時交易していたポルトガルやスペインのカトリック宣教師たちが、彼らを海賊の一味だと吹聴し、危険人物だから処刑するよう進言していたため取り調べは四〇日にも及んだ。

アダムスは、ポルトガルやスペインは貿易といっしょにカトリックの布教を目的としているが、イギリスやオランダはプロテスタントの国なので、日本には貿易だけ求めていることを理路整然と説明した。「芸は身を助く」というが、アダムスが語る世界情勢や豊富な知識に家康は大いに心を動かされた。

その後リーフデ号を神奈川県の浦賀へ運ばせ、積荷の二〇門ほどの大砲や火縄銃と弾薬を没収し、会津藩の上杉景勝制圧の戦に向かった。このとき慣れない武器を使用するために、アダムスはじめ乗組員たちは戦場に駆り出された。

ほかにも科学・天文学・幾何学・航海術の知識を披露したアダムスは、家康からすっかり気に入られ、帰国を希望したが引きとめられて領地と旗本の地位を授かった。やがてアダムスは三浦按針という名をもらって侍となり、お雪（マリア）という日本女性を娶（めと）って子どもも授かったが、家康亡き後の晩年は用いられずに不遇のまま平戸で生涯を終えた。

かつて彼が暮らしていた日本橋室町には、かつての『按針町』という名前はなくなったが、お屋敷があった場所には『按針通り』とその名を留めている。

杉原千畝の“6000人の命のビザ”で、
一国まるごと親日国に

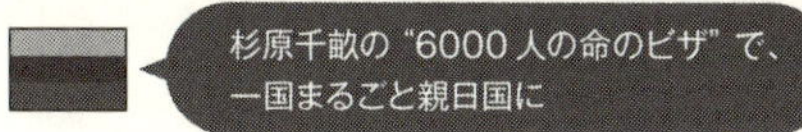

リトアニア

リトアニアの子どもたちは、教科書で杉原千畝の人道的な行動を学ぶ。
そのため国民の約9割がスギハラを知っていて、
1国こぞって世界有数の親日国になった。
第二次大戦中、ナチスドイツに追われてリトアニアに
逃げこんだ多くのユダヤ人が、シベリア経由で日本へ逃れようと、
ビザの申請のため日本領事館に押し寄せた。杉原氏は規則を曲げて
ビザを書き続け、6000人、一説では1万人以上のユダヤ人の命を救った。

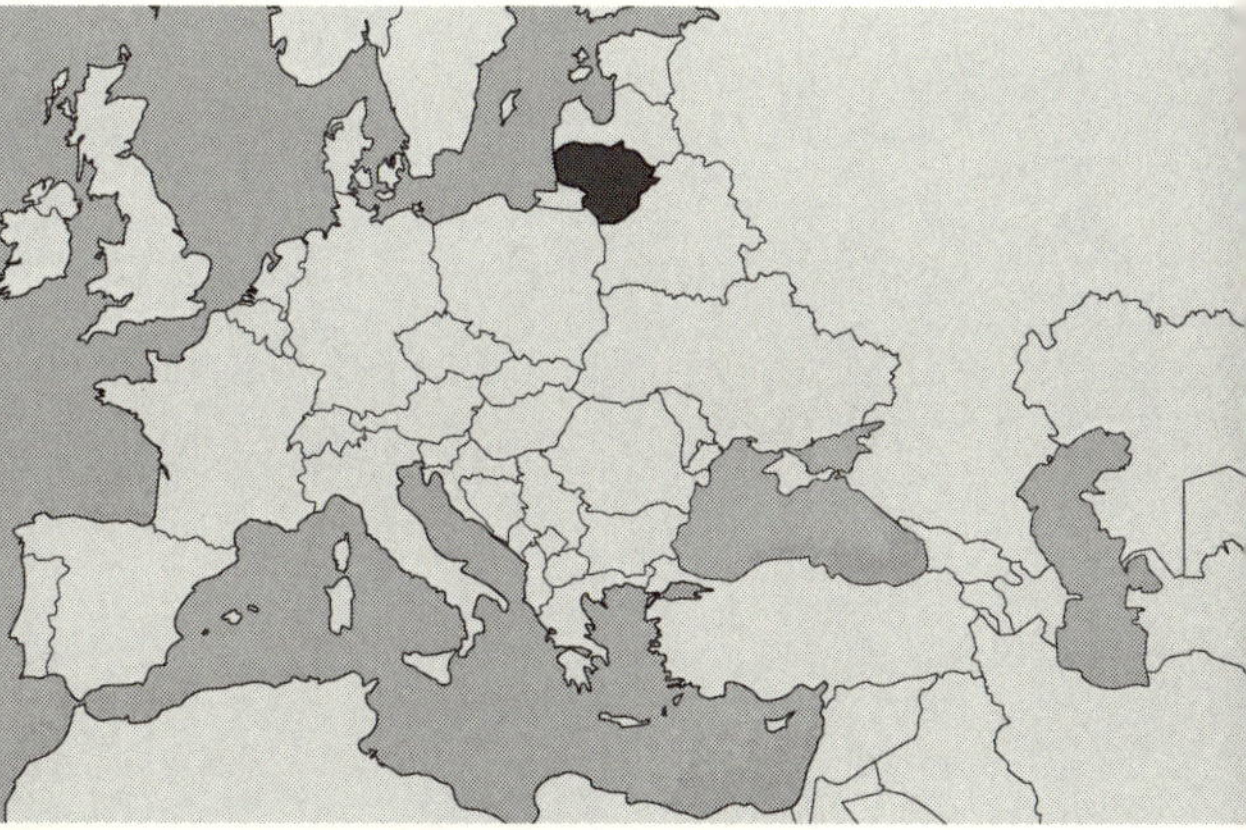

- ▶ **正式名称** リトアニア共和国〈Republic of Lithuania〉
- ▶ **首　　都** ビリニュス
- ▶ **人口［順位］** 288.4万人［140位］
- ▶ **面積［順位］** 65,300km²［123位］
- ▶ **通　　貨** リタス
- ▶ **主な言語** リトアニア語
- ▶ **世界遺産** ヴィニュスの歴史地区、シュトゥルーヴェの三角点アーチ観測地点群　など

SEMPOの「六〇〇〇人の命のビザ」

リトアニアと聞いても、エストニアとラトビアとひとくくりにバルト三国と呼ばれているのを知っているくらいのもので、いったいどんな国なのか想像もつかないというのが正直なところだろう。なにしろテレビ東京のバラエティ番組「ありえへん∞世界スペシャル『99%行かないかもしれない世界の秘境』」で取りあげられたほどだ。

しかし、リトアニア人は日本のことをよく知っている。もちろんほかのヨーロッパの国々のように若者は『ドラゴンボール』など日本のアニメが大好きで、街の大きな書店には漫画コーナーもある。小説では、やはり村上春樹が読まれている。もちろん年配者には、柔道・剣道・合気道といった武道や、生け花・茶道などの伝統文化も人気がある。

だがリトアニアの親日の程度は、他国と比べて際立っている。なぜなら、具体的な内容は後述するが、第二次大戦中にこの国に赴任していた外交官の杉原千畝(すぎはらちうね)氏の人道的な行動は学校の教科書にものっていて、国民の約九割が杉原氏を知っているというのだ。ひとりの日本人のお陰で、人口三五〇万人のリトアニアは一国まるごと日本にポジティヴなイメージをもっている。

さて、この国がリトアニア王国として歴史の舞台に登場するのは、一三世紀半ばのこと。その後は隣国ポーランドとの関係が深く、一四世紀はリトアニア王ヨガイラがポーランド王を兼ね、一六世紀後半にはポーランドと連合国家となった。しかし、一八世紀後半にロシア、プロシア（ドイツ）、ハプスブルク帝国（オーストリア）の三国に三回にわたって分割されて消滅し、リトアニアはロシア領に組みこまれた。その後一時的に独立したが、本当の意味で独立を果たしたのは、ソ連のペレストロイカ後の一九九一年まで待たねばならなかった。

二〇〇七年五月、天皇皇后両陛下は首都ビリニュスをご訪問され、独立時にソ連に抵抗して命を落とした「血の日曜日事件」の犠牲者の墓地で献花された。皇后陛下は亡くなった一四人の市民の遺族に涙しながら耳を傾けられ、温かなお言葉をかけられたのち、一人ひとりと握手を交わされた。居合わせた人々は心から同苦される皇后陛下の姿を見て、他国の王族とはどこか違うと深い尊敬の念を抱いたという。

また、天皇皇后両陛下はご訪問中、当時カウナスの日本領事館に勤務していた杉原千畝氏の記念碑に立ち寄られた。アダムスク大統領夫妻が天皇皇后両陛下を招いた昼食会の席上、大統領は「杉原氏は人道的な功績を残したことで、常にリトアニア国民の尊敬を集めています」と語った。

一九四〇年七月、ポーランドを占領したナチスドイツ軍に追われて、たくさんのユダヤ人がリトアニアへと逃げこんだ。当然、もう西へは引き返せない。トルコ政府がビザの発給をストップしたことで、トルコ経由でパレスチナへ向かうルートも遮断されてしまった。唯一、助かる道があるとしたら、長い長い逃避行ではあるが、シベリア鉄道で極東まで揺られ、船で日本に渡ったのちアメリカへ向かう方法しか残されていなかった。しかも、すでにリトアニアを占領していたソ連軍は、リトアニア国内の各国大使館・領事館を閉鎖するよう命じたが、日本領事館はまだ業務を行っていた。

同年七月一八日の杉原氏の手記には、次のように記されている。「六時少し前。表通りに面した領事公邸の寝室の窓際が、突然人だかりの喧(やかま)しい話し声で騒がしくなり、意味の分からぬわめき声は人だかりの人数が増えるためか、次第に高く激しくなってゆく」。杉原氏は、公邸の鉄柵(てっさく)に身を乗り出すようにして何か訴えている数百人のユダヤ系の人々の声で目を覚ました。

さっそく避難民の通過ビザの発給について本省に問い合わせた。しかし本省からの回答は、まず最終的に向かう国の入国手続きを済ませたうえで、しかも十分な旅費と滞在費をもち合わせている避難民だけに、日本の通過ビザを発給するようにというきわめて形式的な内容だった。

熟慮の末、杉原氏は「ビザの発給を拒否するのは良心に反する」と、領事の権限ですべての避難民にビザを発給する決断を下す。夫人も「後で私たちはどうなるかわかりませんが、そうしてあげてください」と賛成し、息子もユダヤ人の子どもを助けてほしいと懇願した。

杉原氏は本省を刺激しないよう配慮しながら、一カ月余り寝食を忘れてビザを書き続けた。万年筆はポキリと折れ、腕は麻痺して動かなくなった。すべて手書きでは効率が悪いので、ゴム印をつくって手書き部分を少なくした。記録に残っているだけでも、二一三九枚のビザを書きあげていた。当時は、一枚のビザで家族が脱出できたため、六〇〇〇人の命を救ったといわれているが、実際には一万人ほどが助けられたという見方もある。

戦況が激しくなるにつれ、ソ連政府や本国からも再三再四、退去命令が出た。もはや命令は無視できなかった。杉原氏はベルリン行きの列車が出発する間際までビザを書き続けた。最後の一枚を書きあげると「許してください。私にはもう書けない。みなさんのご無事を祈っています」そういって頭を下げると、列車は静かに動き出した。

このとき杉原氏に助けられ、現在シカゴ・マーカンタイル取引所の名誉会長となって、〝金融先物の父〟の異名をとるレオ・メラメド氏の証言によれば、それから彼等はリトアニアから二週間かけてウラジオストクへたどり着き、さらに船に三日乗って敦賀港へ到着したという。

当時少年だったメラメド氏は、山々に囲まれた美しい日本の風景と親切で礼儀正しい日本人に心が癒された。向かった先の神戸にはユダヤ人のコミュニティがあり、難民支援のために義援金が募られた。

結局、四カ月間日本に滞在したメラメド氏は、「日本人の並外れたホスピタリティー、言葉が通じないのに、見知らぬ私たちに差し伸べてくれた親切心を忘れることができない」と思い出を語った。その後、氏は渡航許可を得てアメリカへ向かった。

一方、終戦を迎えて帰国した杉原氏は外務省に復帰したが、訓令違反を犯してビザを発給したことから省内でうとまれ、依願退職に追いこまれた。その後仕事を転々とし、最終的にモスクワの貿易商の仕事に就いた。

それから二八年が過ぎた一九六八年八月のある日、イスラエル大使館から杉原氏のもとに一本の電話が入った。氏が大使館に出向くと、そこには新たに赴任してきたニシュリ参事官が待っていた。参事官は「これを覚えていますか」といって、ボロボロになった手書きのビザを差し出した。彼は杉原氏に助けられた避難民で、杉原氏と最初に対談した五人の代表のひとりだった。

あれからリトアニアから逃れた避難民は、感謝の気持ちを伝えたいと杉原氏を捜していた。しかし杉原千畝を「センポ・スギハラ」と音読みしたことで、外務省に問い合わせてもなかなか所在がつかめなかった。杉原氏の処遇を知った元避難民は、人道的行為が正しく評価されなかったばかりか、逆に外務省内で〝反逆者〟のレッテルを貼られて職場を追われたことに憤慨(ふんがい)した。

しかし、翌年イスラエルに招かれた杉原氏は、〝正義の異邦人〟として国家から顕彰された。ヤド・バシェム（ホロコースト記念館）での式典で賞を授与したバルハフティック宗教大臣もまた、杉原氏に命を助けられた当時の避難民で、五人の代表のうちのひとりだった。

しかし、日本でようやく杉原千畝の名前が知られるようになったのは、ユダヤ系アメリカ人のスティーブン・スピルバーグ監督の映画『シンドラーのリスト』が、アカデミー賞を受賞した一九九四年のことだった。これ以後、杉原氏は〝日本のシンドラー〟と呼ばれるようになり、日本でも徐々に認知されるようになった。

しかし、ドイツ人実業家のオスカー・シンドラー氏は、経営上の理由もあって自社工場で働く一二〇〇人のユダヤ系労働者を守ったのに対し、自分の立場も顧みずに縁もゆかりもない避難民の命を救った杉原氏の行動は、それ以上に讃嘆されるべきだという声もある。

ちなみに日本では、ミュージカル『ＳＥＭＰＯ～日本のシンドラー　杉原千畝物語～』（主演・吉川晃司、音楽・中島みゆき）が上演され話題となった。

その後、日本の外務省でも「外務省として、杉原副領事は勇気ある人道的行為を行ったと認識しています」との見解に変わった。これに対して杉原氏は、常々「私のしたことは外交官としては間違ったことだったかもしれない。しかし、私に頼ってきた何千人もの人を見殺しにすることはできなかった。そして、それは正しい行為だった」と語っていたという。

ところで東日本大震災の折、米国にある世界最大のユダヤ系の食品安全認定機関「オーソドックス・ユニオン」は、義援金を募るにあたり次のような声明を出した。

「一九四〇年、杉原領事夫妻は身職を賭して通過ビザを発給し、六〇〇〇人のユダヤ人の命を助けて下さった。いまこそわれわれがその恩義に報いるときである」と。

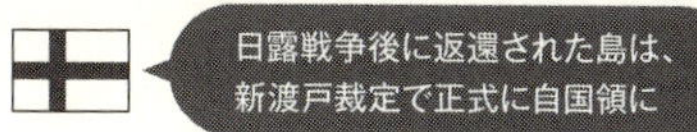

日露戦争後に返還された島は、
新渡戸裁定で正式に自国領に

フィンランド

サンタクロース村には、毎年日本から約10万通の手紙が届く。
ムーミン・グッズは日本人が最上の客だ。歴史上、フィンランドがロシアから独立できたのは、日露戦争で勝利した日本のお陰との見方もあり、
かつては「トーゴー」という元帥の名を冠したビールもあった。
またロシアから返還されたオーランド諸島は、
新渡戸稲造の画期的な裁定で平和の島となった。
そのため島民は、今も氏に感謝している。

- ▶正式名称　フィンランド共和国〈Republic of Finland〉
- ▶首　　都　ヘルシンキ
- ▶人口［順位］　547.6万人［117位］
- ▶面積［順位］　338,145km²［65位］
- ▶通　　貨　ユーロ
- ▶主な言語　フィンランド語、スウェーデン語
- ▶世界遺産　ラウマ旧市街、スオメンリンナの要塞群、シュトゥルーヴェの三角点アーチ観測地点群　など

妖精トロールの国民は日本人気質!?

夏は白夜、冬はオーロラ。北緯六〇度以北の国土は七割が森林に覆われ、大小六〇万もの湖がある。森林に霧がかかり、湖に靄(もや)が立ちこめると、そこはもうファンタジーの世界。

そんなロマンチックなお国柄ゆえ、フィンランドといえば国際紛争解決に尽力したノーベル平和賞を受賞したマルッティ・アハティサーリ元大統領よりも、サンタクロースやムーミンの方がずっと有名だ。ラップランドのサンタクロース村には、日本の子どもたちから毎年約一〇万通の手紙が届き、ムーミン谷を再現した本家ゆるキャラの宝庫ムーミン・ランドのグッズのお買い上げは、日本人が最上のお客様だという。

北欧諸国のスウェーデン、ノルウェー、デンマークは、同じチュートン語系の言葉を話し、その昔はヴァイキングだが、今は三カ国とも王国という共通点があり連帯感がある。でも、フィンランドだけはちょっと異色で、北欧の血を分けた兄弟という感覚はない。言語はウラル語族フィン・ウゴル語族に属し、長い間スウェーデンとロシアに代わる代わる支配されていたので、性格は受け身で大人しく、どこか〝日本人的〟といわれている。

なにしろ、かつて携帯電話の世界シェアが一位だったフィンランド企業のノキアは、面と向かって他人と話をするのが苦手なシャイな人々のお陰で、大企業に成長で

Heihachiro Togo

きたといわれるくらいだ。

そんなフィンランドと日本の間には旅客機の直行便があり、普通はヨーロッパ主要都市まで一三時間程かかるところ、成田から首都ヘルシンキまでは九時間半と最速でヨーロッパに到着できる。それもあって、この頃フィンランドは日本人に人気の観光国として急浮上し、映画のロケ地になったレストラン〝かもめ食堂〟にはたくさんの日本人客が押しかけている。

日露戦争と伝説の〝トーゴービール〟

ヨーロッパの国々のなかでは、地理的にも気質的にも日本に最も近いフィンランドだが、フィンランド人が日本を身近に感じる、知る人ぞ知るエピソードがある。それを紹介する前に、まずフィンランドの歴史を説明する必要がある。

一二世紀半ばから、フィンランドは西隣のスウェーデン王国に征服されていたが、ナポレオン戦争を機に今度は東隣のロシアから侵略を受ける。ロシア皇帝ニコライ二世は、フィンランドの軍隊を掌握し、さらに憲法をとりあげてロシア語を公用語とするなど、宗主国の座に納まった。

一九〇五年、日露戦争で日本が勝利すると、それまでロシアが支配していたオーランド諸島がフィンランドに返還されることになった。すると、ここには自分の国の人々が暮らしているといって、スウェーデン王国が「待った！」をかけた。

両国間に横たわるバルト海に浮かぶオーランド諸島は六五〇〇もの島々が点在する諸島で、昔から軍事基地の要衝だった。スウェーデン語で「水の土地」を意味する「オーランド」は、住民のほとんどがスウェーデン人で、スウェーデン語が話されていた。

とはいえ、フィンランドにしてみればオーランド諸島はもともと自国の領土で、スウェーデン王国がフィンランドを支配した時代に、スウェーデン人が移り住んできたのだと主張。

そこで問題解決のためにスウェーデンが国際連盟に願い出ると、フィンランドもこれに応じ、仲裁に登場したのが当時国際連盟事務次長の新渡戸稲造だった。新渡戸氏は両国の歴史と事情を鑑(かんが)みた結果、ここをフィンランド領とするが、フィンランド軍の駐留を認めず、公用語はスウェーデン語とし、軍事・外交を除いた高度な自治権を与えて非武装中立の島とした。この「新渡戸裁定」といわれる名裁きによって、バルト海の軍事基地の役目を担っていた島が、のちに国際社会のモデルとなる平和の島に生まれ変わった。

このときイギリス人のドラモンド国連事務総長は、「不寛容な西洋文明に、寛容な精神を教えてくれた」と新渡戸氏の英断を高く評価したという。また、今も島の住人は「島に平和をもたらしてくれたミスター・ニトベを尊敬している」と感謝の言葉を口にする。

また、新渡戸稲造は東京女子大学の初代学長でもあるが、五千円札に肖像が印刷されるまで、むしろ日本ではあまり知られていなかった。現在の岩手県盛岡市に生まれた新渡戸氏は、一三歳で東京英語学校（現東京大学）に進み、のちに「少年よ大志を抱け！」のウィリアム・クラーク博士が副学長を務めた札幌農学校に学び、やがて思想家・文学者として大成する内村鑑三とクラスメートだった。アメリカやドイツにも留学し、語学が得意で国際感覚に秀でた彼は、アメリカ人女性と結婚している。

あるとき「日本の学校には宗教教育がないというが、だったらどうやって道徳教育を行うのか」と問われて答えにつまった新渡戸氏は、武士道に思いあたった。それがきっかけで、外国人に日本のことを理解させたいと『ＢＵＳＨＩＤＯ』（武士道）を英語で著した。

その後、日露戦争で大国ロシアを破ったことで欧米は興味深々となり、まもなくドイツ語、フランス語、イタリア語、ロシア語、ポーランド語、ノルウェー語などに翻訳され、瞬く間に世界のベストセラーとなった。当時の米大統領セオドア・ルーズベルトも読んで感銘したというが、二一世紀の今も〝日本入門書〟として色あせていない。

それはさておき、フィンランドには「トーゴー（東郷）」ラベルの伝説のビールがあったという。この「トーゴービール」については諸説あるが、『SAPIO』（一九九六年一一月二七日号／小学館）では、「フィンランド人の対日感情はかなりいい。バルト海で睨みを利かせていたロシアのバルチック艦隊を日露戦争時に日本海海戦で打ち破り、これが結果的に一九一七年のフィンランド独立に貢献したことから『独立運動の恩人』として東郷平八郎元帥が慕われ、その顔をラベルに印刷した『トーゴービール』が今でも販売されているというほどである」という記事を掲載している。

また、朝日新聞の『天声人語』（一九九七年一〇月六日）では、フィンランドのカレヴィ・ソルサ元首相が「新時代のきずな　日本とEU」と題したシンポジウムで述べた言葉を紹介。

このなかでソルサ氏は「トーゴービール」に触れ、「この国を統治していたロシアが戦争に敗れたことで、独立の機運がにわかに高まる。翌年の一九〇六年、議会法令が改正され女性に参政権が与えられた。公職に選ばれる権利も認めた世界で初の偉業だった。以来フィンランド国民は『トーゴービール』を飲んで往時をしのぶ、と元首相。日本の元帥にちなみ名付けられた人気の銘柄だという」と紹介している。

しかし、実際には「トーゴービール」ではなく、正しくは「提督（ていとく）ビール」（Amiraali Olut）という商標で、二四種類のラベルがあった。「トーゴー」のほかに、山本五十六連合艦隊司令長官、トラファルガーの海戦でナポレオン軍を撃ち破ったイギリスのネルソン提督、日露戦争で敗れた側のロシアのマカロフ提督などのラベルもあったという。

なお、「提督ビール」はフィンランド国内のタンペレの製造元が倒産して発売中止となった。その後、別会社が地ビールとして生産再開したが、今はネルソンのラベルだけになっている。ちなみに日本で販売している「トーゴービール」はオランダ産で、日本の会社がラベリングしている別ものだそうだ。

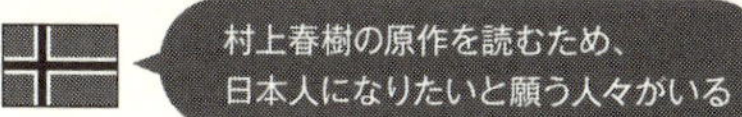

村上春樹の原作を読むため、
日本人になりたいと願う人々がいる

ノルウェー

ノルウェーで作家・村上春樹を知らない人はいない。
むしろ村上作品を通して、ノルウェー人は日本への憧れを募らせる。
新刊が出た際には、
「できることなら日本語の原文のまま読んでみたい、日本人になりたい」
と思うらしい。
2010 年開催のムラカミ・フェスティバルは、
講演チケットが 12 分で完売するほどの大盛況だった。

- ▶ **正式名称** ノルウェー王国〈Kingdom of Norway〉
- ▶ **首　　都** オスロ
- ▶ **人口［順位］** 520.7 万人［121 位］
- ▶ **面積［順位］** 323,802km^2［68 位］
- ▶ **通　　貨** クローネ
- ▶ **主な言語** ノルウェー語
- ▶ **世界遺産** ウルネスの木造教会、リューカンとノトデンの産業遺産群　など

日本人になってムラカミを読みたい

この国では村上春樹を知らない人はいない。普段人見知りなノルウェー人だが、こちらが日本人だとわかると「ハルキ・ムラカミ大好きです」などと話しかけてくることもある。なにしろ彼こそが日本を代表する作家であるのは当然として、日本人の代表であり、ノルウェーに日本を紹介してくれた人なのだから。

これまで『ノルウェイの森』『羊をめぐる冒険』『ねじまき鳥クロニクル』『浜辺のカフカ』『走ることについて語るときに僕の語ること』など、一三作品がノルウェー語に翻訳されて出版された。ノルウェー人は英語を読むのが得意なので、これ以外にも英語の翻訳本を読んでいる人はかなりの数にのぼる。

しかし、ムラカミファンにとっては英語の翻訳でさえ待ちきれない。もし日本語が読めるのならば、日本人と同じように新刊本の発売前夜に本屋の前で徹夜してでも、まっ先に読む幸福を味わいたいのだ。しかもトルストイやプーシキンなど、ロシア文学に憧れる日本人が原文で作品を味わいたいと思うように、できれば日本語で読んでみたいと願っている。そんなときノルウェー人の熱烈なムラカミファンは、心底日本人になりたいと思うらしいのだ。

村上春樹のノルウェー語のすべての翻訳本の発行部数の合計は、二〇万部ほど。『1Q84』については、三万部を超えている。日本では『ノルウェイの森』だけで、上下の単行本と文庫本の累計が一〇〇〇万部を突破していることに比べたらちょっと少ないように思われるが、ノルウェーの人口が四九〇万人ほどであることを考えるとかなりの部数だ。

では、村上春樹のどこがそんなにノルウェー人の心をとらえるのだろう。ノルウェー人にいわせると、信じるものを失った社会で孤立して生きる人々の孤独を描ききっているところや、軽くてリズムのいい文体で普通の生活を斬新に描いているところなどが、特に魅力なのだという。

だが、村上氏の作品がはじめからノルウェーで受け入れられたかというとそうではなく、九〇年代まではマニアックな文学好きな読者にしか支持されていなかったという。事実、一九九九年に村上氏がノルウェーを訪問したときに、書店で開催したイベントに参加したのは二〇～三〇人と寂しいものだった。

ところが、二〇一〇年八月二〇～二四日に開催された「ムラカミ・フェスティバル」では、地元の新聞が「ロックスター並みの熱狂ぶり」と報じるほどインパクトがあった。というのも、村上氏の講演のチケットはわずか一二分で完売。そのため会場の後ろの座席をはずして三五〇人分の立見席をつくった。それでも足りないので、同時中継が見られる九〇〇人収容可能な別の会場を設けたが、これも三〇分で売り切れてしまった。

開催場所は、二〇〇七年にオスロの王宮近くにオープンした「文学の家」。ノルウェーの文学の殿堂ともいえる象徴的な建物だ。ここのマイヤー館長は、開館前からどうしても村上氏を呼びたかったのだという。そのため、マスコミもトップニュースとして取り上げるほどの気の入れようだった。

四日間のプログラムは、「ムラカミ・クイズ」「ムラカミ祭り」「僕とムラカミ」「ムラカミ革命」「ムラカミのお気に入り」「スカンジナビア語で読むムラカミ」と、まさにムラカミのオンパレード。これに「JAPAN」や「へ〜、そうなんだ。日本について」といった日本に関する講演など、合計二五ものプログラムが用意された。

しかしフェスティバルの目玉は、最終日の村上氏の講演とノルウェーの作家フローデ・グリッテン氏との対談で、村上氏が日本語で短編小説の朗読をしたほかは英語で進められた。

「小説を書くのは夢を見るのと同じ。夢は目覚めたら消えるけど、私には夢の続きが書ける」。「子どものころ読書が好きで、次のページでなにが起こるかとわくわくした。それを書き手としてやっている。突然、ジョニー・ウォーカーが頭に浮かび、私はショックだった。こいつは誰なんだ、と」。

村上氏は『海辺のカフカ』のストーリーは、このようにして生まれたことを明かした。

また、『ノルウェイの森』の英語のタイトルは『Norwegian Wood』というが、これでは「薪(まき)」や「木材」を連想してしまうという話には、自分が翻訳してタイトルをつけたわけではないので自分自身も訊かれて困っているなどと、終始なごやかな雰囲気だったという。

そして村上氏は、このときのオスロでの約一カ月の滞在を「人生で一番涼しい夏を過ごすことができた」と村上流に含蓄のある言葉でさらりとまとめた。

その後二〇一〇年一二月、駐日ノルウェー大使館で映画『ノルウェイの森』（監督：トラン・アン・ユン、主演：松山ケンイチ、菊地凛子、水原希子）の試写会が行われた。

アルネ・ウォルター駐日大使は、「『ノルウェイの森』を読んだ多くの人は、この小説の舞台は実はノルウェーでないことを知っています。ですが、村上氏とノルウェーの間には、フィヨルドのように深いつながりがあります」と述べている。また、たくさんのノルウェー人がこの作品に触れたことがきっかけで日本について知るようになり、村上氏がノルウェー人を日本へと導く新たな扉を開いてくれたとも語っている。

このときノルウェー大使館は、スカンジナビア政府観光局などといっしょに東映と協力して、タイアップキャンペーンを行った。全国の大手書店で本を購入した人に『ノルウェイの森』の特製ブックカバーをプレゼントしたり、都内の三二の主要駅に観光名所のフィヨルドやオーロラのほか、特産のサーモンの写真が入った映画のポスターを貼り出して、逆に日本にノルウェーをアピールしたのだった。

「深く愛すること。強く生きること」という映画のキャッチコピーは、ノルウェーの人々が村上氏から感じとるメッセージを端的に言い表しているようだった。

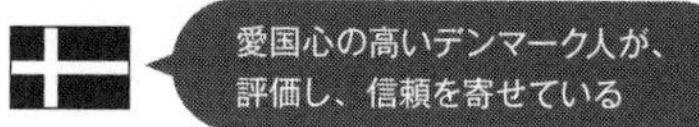
愛国心の高いデンマーク人が、
評価し、信頼を寄せている

デンマーク

19 世紀、プロイセン王国に敗戦したことがきっかけで見直しをはかり、
誰もがうらやむ人権・福祉・環境大国になった。
そんな世界一幸福な国でも、日本の伝統文化や技術は評価され、
勤勉さや道徳心の高さに尊敬が寄せられている。
東日本大震災直後にフレデリック皇太子が来日し、
激励の言葉のなかで再生可能エネルギーで協力する用意があると述べた。

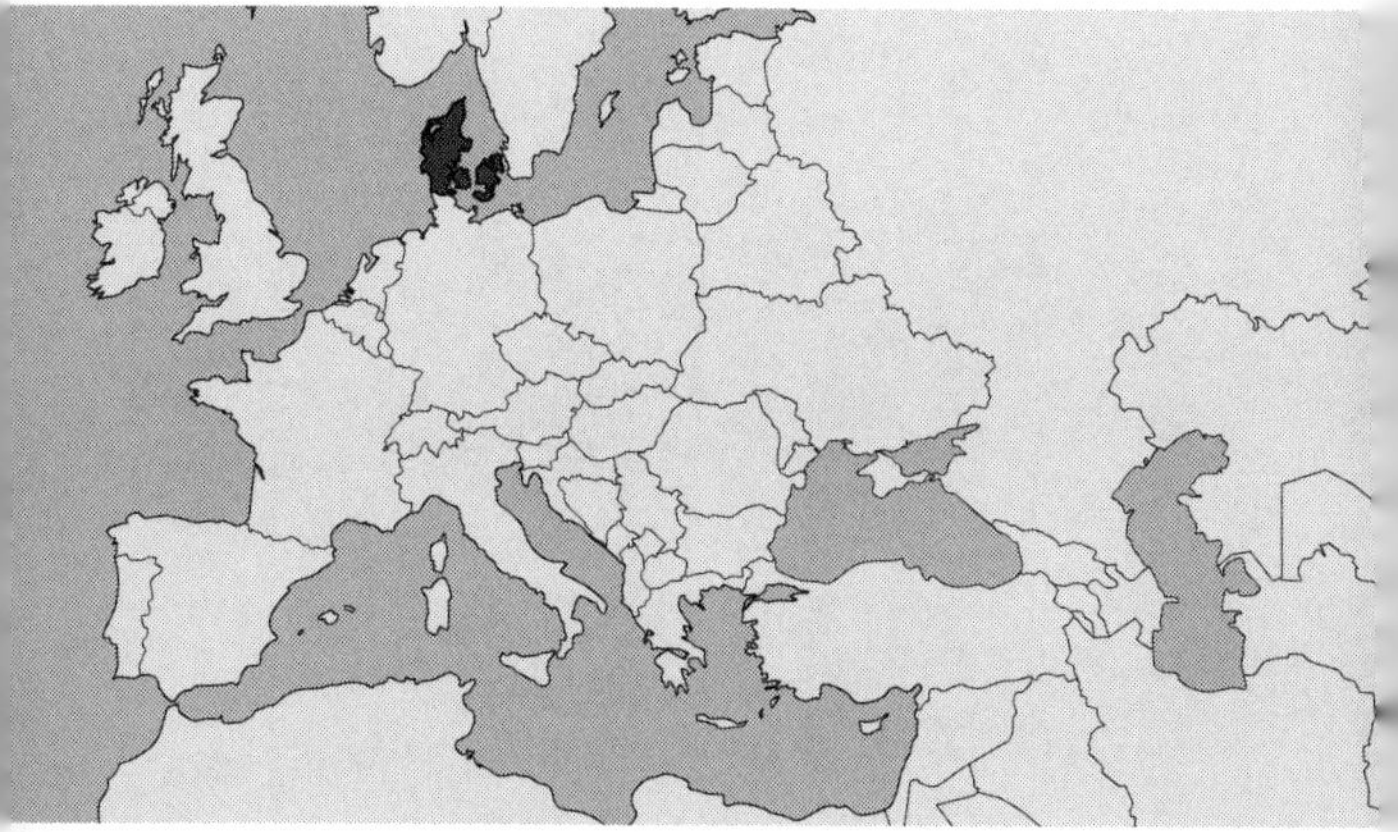

- ▶ 正式名称　デンマーク王国〈Kingdom of Danmark〉
- ▶ 首　　都　コペンハーゲン
- ▶ 人口［順位］　558.1 万人［116 位］
- ▶ 面積［順位］　43,094km²［134 位］
- ▶ 通　　貨　デンマーク＝クローネ
- ▶ 主な言語　デンマーク語
- ▶ 世界遺産　イエリング墳墓群、ルーン文字石碑群と教会、シェラン島北部のパル・フォルス狩猟景観　など

幸福な国の王子が被災地訪問

シェークスピア四大悲劇のひとつ『ハムレット』は歴史に基づいており、正式な題名は『デンマーク王子、悲劇のハムレット（The Tragedy of Hamlet, Prince of Denmark）』という。

一〇世紀にバイキングの棟梁が君主制を敷いたヨーロッパ最古の王国デンマークは、お世継ぎ争いや周辺国との戦争など苦難の歴史がある。一八六四年のプロイセン王国との戦争では、国土の三分の一を失ったが「外で失ったものは内で取り戻す」を掛け声に、北部のやせた原野を開墾して植林し、さらに教育で国民の精神を蘇生させ、今では誰もがうらやむ人権・福祉・環境大国に変貌を遂げた。

その福祉の内訳を少し拝見してみると、出産費用は無料。出産・育児休暇は合計（夫と妻）で五六週。児童手当は年二〇万円。基本的に教育費は無償のうえ、大学生には九万円のお小遣い。失業手当はそれまでの収入の九〇パーセントを四年間にわたって支給。年金も掛け金なしでもらえるし、教会で結婚式や葬式まで無料とくる。そんなワケで、国民は自国に誇りと愛着をもち、デンマーク人に生まれて良かったと心の底から思っている。

しかしながら日本の伝統文化や優れた技術と経済力は高く評価され、勤勉で道徳心が高い日本人には信頼と尊敬が寄せられている。それに加えて、「デンマークと日本の共通点は資源はないが人間力で復興。ともに国王（天皇）がいる」と語る人もいる。

自由で気さくなデンマーク王室は、その行動を通して東日本大震災の様子を自国をはじめヨーロッパに伝える役割を担（にな）ってくれた。震災からわずか三カ月後、フレデリック皇太子が被災地の宮城県東松島市を訪れた。訪問先の小学校では、パンと牛乳とデザートだけの質素な給食をいっしょに食べ、生徒たちとサッカーに興じた。このとき、デンマーク企業からの義援金約二二〇〇万円を寄付したが、国としての総額は一億円にのぼる。

皇太子殿下は「遊覧船から見た松島の自然は素晴らしく、東北地方にとって観光が重要だとよくわかった」と激励の言葉をかけた。また、「再生可能エネルギーのノウハウについて日本と協力する用意がある」と述べた。

というのも、小さな環境大国のデンマークは世界の風力発電機の四五パーセントを生産し、ひとりあたりの風力発電量は世界一。しかも二〇五〇年までに「脱化石燃料国家」の建設を目標としている。フレデリック皇太子が提案するように、日本とデンマークが協力すれば、そんな夢のような未来が見えてくるかもしれない。

海難事故への恩返しが開いた友好の道

一九五七年、神戸港へ向かうデンマークの貨物船エレン・マースク号は、和歌山県日ノ御崎灯台西の沖合で、炎に包まれた徳島県の高砂丸に遭遇。風速二〇メートルの強風のなか、マースク号はすぐに救命艇を出し、ひとり甲板にいた船長らしき人の救助に向かった。その日本人はやっとのことでマークス号までたどり着いたが、縄バシゴをのぼる途中で力尽き、海へ転落してしまう。一部始終を見ていたヨハネス・クヌッセン機関長は、救命ベルトを締めて海に飛びこんだが、やがてふたりとも荒れ狂う波間に消えた。翌日、近くの浜辺には、マースク号の救命ボートとクヌッセン機関長の遺体が打ちあげられていた。

のちに地元の人々はクヌッセン機関長の愛と勇気の行動に心から感謝し、美浜町日ノ咲岬の高台には彼の胸像が建立され、「クヌッセンの丘」と名づけられた。

事故から五〇年後の二〇〇七年八月、地元和歌山県の住民の働きかけで、故郷のフレゼリクスハウン市郊外のバングスボー博物館に「クヌッセン機関長記念コーナー」が開設された。あわせて日本フェスティバルが開催され、獅子舞、和太鼓、華道、武道、日本料理などが紹介され、和歌山県の人々との交流がもたれた。引き続き、高校生がデンマークの故郷にホームステイしたり、姉妹都市交流の計画ももちあがっている。

現地の記念式典に参加した駐デンマーク日本国大使の佐野利男氏は、クヌッセン機関長が危険を顧みずに一命を賭して守ろうとしたものは、同じ厳しい海に生きる者への共鳴か、あるいは日本人への愛着だったのかと、彼の心情に思いを馳せた。のちに「ヨハネスは本当に日本が好きだったようね」という遺族の言葉を聞いて、大使は胸を熱くしたのだった。また、大使はこの秘話を広めてゆくことが彼への恩返しだと考えているという。

【主な参考文献・資料】（順不同）

（映画）『80日間世界一周』一八五六年（原作ジュール・ヴェルヌ／監督マイケル・アンダーソン）
立石優『家康とウィリアム・アダムス』恒文社／一九九六年
関榮次『チャーチルが愛した日本』PHP新書／二〇〇八年
角山栄『茶の世界史─緑茶の文化と紅茶の社会』中公新書／一九八〇年
片野優、須貝典子『ニュースでわかるヨーロッパ各国気質』草思社／二〇一四年
軍司泰史『シラクのフランス』岩波新書／二〇〇三年
桐生操『騙しの天才─世界贋作物語』NTT出版／一九九八年
山本七平『空想紀行』講談社／一九八一年
レズリー・ダウナー『マダム貞奴─世界に舞った芸者』木村英明訳／集英社／二〇〇七年
杉本苑子『マダム貞奴』読売新聞社／一九八四年
ジャポニスム学会（編）『ジャポニスム入門』思文閣出版／二〇〇〇年
片桐一男『江戸のオランダ人─カピタンの江戸参府』中公新書／二〇〇〇年
（ウェブ）P・J・H・ヨンクマン「オランダ公式訪問中の天皇皇后両陛下にお会いして」二〇〇〇年五月二三日「オランダ日本インドネシア対話の会」（第04回　天皇制再考）
倉部誠『物語オランダ人』文春新書／二〇〇一年
松方冬子『オランダ風説書と近世日本』東京大学出版会／二〇〇七年

占部賢志「有島生馬画伯の絵　日本とベルギーの友情秘話」『産経新聞』二〇一一年五月四日版
有島生馬『思い出の我』中央公論美術出版／一九七六年
ジョルジュ＝アンリ・デュモン『ベルギー史』村上直久訳／白水社文庫クセジュ／一九九七年
エンゲルベルト・ケンペル『江戸参府旅行日記』斎藤 信訳／平凡社東洋文庫／一九七七年
松井洋子『ケンペルとシーボルト─「鎖国」日本を語った異国人たち』山川出版社／二〇一〇年
ベアトリス・M・ボダルト＝ベイリー『ケンペル─礼節の国に来たりて』中 直一 訳／ミネルヴァ書房／二〇〇九年
ハインリッヒ・シュリーマン『シュリーマン旅行記 清国・日本』石井和子訳／講談社学術文庫／一九九八年
島谷 謙『日本を愛したドイツ人─ケンペルからタウトへ』広島大学出版会／二〇一二年
ミヒャエル・エンデ『はてしない物語』（上・下巻）上田真而子、佐藤真理子訳／岩波少年文庫／二〇〇〇年
フランツ・フェルディナント『オーストリア皇太子の日本日記』安藤 勉訳／講談社学術文庫／二〇〇五年
須貝典子、片野 優『ウィーン 小さな街物語』ＪＴＢパブリッシング／二〇〇五年
中村鶴城『琵琶を知る』出版芸術社／二〇〇六年
兵藤裕己『琵琶法師─〝異界〟を語る人びと』岩波新書／二〇〇九年

（ウェブ）里信邦子「スイスの大統領、日本・スイス友好の歴史150年を祝う」スイス公共放送協会国際部（swissinfo.ch）
（ウェブ）「ブルカルテール大統領の訪日」二〇一四年二月在スイス日本国大使館
「皇太子さまのスイス訪問前ご会見全文」『産経新聞』／二〇一四年六月一四日版
ラフカディオ・ハーン『新編 日本の面影』池田雅之訳／角川ソフィア文庫／二〇〇〇年
小泉八雲『日本の心』平川祐弘（編）／講談社学術文庫／一九九〇年
志岐隆重『ドキュメント天正少年使節』長崎文献社／二〇一〇年
大泉光一『支倉常長―慶長遣欧使節の悲劇』中公新書／一九九九年
戸口幸策『プッチーニ 蝶々夫人』音楽之友社／二〇〇三年
パンツェッタ・ジローラモ『ジローラモのイタリア式伊達男のなり方』河出書房新社／二〇〇四年
フランシスコ・ザビエル『聖フランシスコ・デ・サビエル書翰抄』（上・下巻）ペトロ・アルーペ、井上郁二訳／岩波文庫／一九九一年
ロドリゴ・デ・ビベーロ、安藤操『ドン・ロドリゴの日本見聞録―スペイン人の見た400年前の日本の姿』たにぐち書店／二〇〇九年
遠藤周作『無鹿』文春文庫／二〇〇〇年
遠藤周作『沈黙』新潮文庫／一九八一年
仮屋園璋『カステラの科学』光琳／二〇〇四年

「デンマーク皇太子が慰問　子ども基金を設立　東松島　東日本大震災」『河北新報』二〇一一年六月一五日版
田口省吾『ヨーロッパの王室』世界の動き社／一九九三年
ケンジステファンスズキ『デンマークという国　自然エネルギー先進国』合同出版／二〇〇六年
片野優『ヨーロッパ環境対策最前線』白水社／二〇〇八年
村上春樹『ノルウェイの森』（上・下巻）講談社文庫／二〇〇四年
（ウェブ）「超人のジャーナリスト・アイ　126　作家の村上春樹氏　オスロ「文学の家」での講演」共同通信／二〇一〇年八月二四日付
（ウェブ）駐日ノルウェー王国大使館
レヴィ・ソルサ元首相「新時代のきずな　日本とEU」
新渡戸稲造『武士道』岬龍一郎訳／PHP文庫／二〇〇五年
「世界の移住最適都市ベスト13」／雑誌『SAPIO』小学館／一九九六年一一月二七日号
V・プーチンほか『プーチンと柔道の心』山下泰裕ほか編集／朝日新聞出版／二〇〇九年
山下恒夫『大黒屋光太夫―帝政ロシア漂流の物語』岩波新書／二〇〇四年
ゴロヴニン『日本幽囚記』（上・中・下巻）井上満訳／岩波文庫／一九四三年
田中健之『実は日本人が大好きなロシア人』宝島社新書／二〇一四年
保岡孝顕（編）『鉄の男ワレサ―連帯の精神は死なず』中央出版社／一九八四年

レフ・ワレサ『ワレサ自伝―希望への道』筑紫哲也、水谷　驍訳／社会思想社／一九八八年
アンジェイ・ワイダほか『ワイダの世界―映画・芸術・人生』岩波ブックレット／一九八八年
（ウェブ）アンジェイ・ワイダ「悲観しない日本人を尊敬　悲劇、苦難を乗り越えて生きよ　日本の友人たちへ」共同通信／二〇一一年三月二一日付
兵藤長雄『善意の架け橋―ポーランド魂とやまと心』文藝春秋／一九九八年
後藤正治『ベラ・チャスラフスカ　最も美しく』文春文庫／二〇〇六年
片野優、須貝典子『図説プラハ　塔と黄金と革命の都市』河出書房新社／二〇一一年
シュミット村木眞寿美『クーデンホーフ光子の手記』河出文庫／二〇一〇年
松本清張『暗い血の旋舞』日本放送出版協会／一九八七年
（ウェブ）国際交流基金ブダペスト日本文化センター
（ウェブ）ＫＩＮＣＨＯ　大日本除虫菊株式会社
片野優、須貝典子『国民気質で観るサッカーＷ杯』ベースボールマガジン社／二〇一四年
イビチャ・オシム『考えよ！―なぜ日本人はリスクを冒さないのか？』角川ｏｎｅテーマ21／二〇一〇年
片野優、須貝典子『こんなにちがうヨーロッパ各国気質』草思社／二〇一二年
（ウェブ）琴欧洲オフィシャルブログ
（ウェブ）明治ブルガリアヨーグルト倶楽部

寮 美千子『エルトゥールル号の遭難　トルコと日本を結ぶ心の物語』小学館／二〇一三年
森永 尭『トルコ世界一の親日国―危機一髪！ イラン在留日本人を救出したトルコ航空』明成社／二〇一〇年
杉原幸子『新版　六千人の命のビザ』大正出版／一九九四年
杉原幸子、杉原弘樹『杉原千畝物語―命のビザをありがとう』金の星社フォア文庫／二〇〇三年
中山恭子『ウズベキスタンの桜』ＫＴＣ中央出版／二〇〇五年
竹田恒泰『日本はなぜ世界でいちばん人気があるのか』ＰＨＰ新書／二〇一〇年
永田行夫「捕虜の汗『夕鶴』に実結ぶ　ウズベク『ナボイ劇場』のオペラ公演に感激」『日経新聞』二〇〇一年九月二六日版

本書は、2014年10月に小社より単行本として刊行された『日本人になりたいヨーロッパ人　ヨーロッパ27カ国から見た日本人』を文庫化したものです。

日本人になりたいヨーロッパ人
ヨーロッパ27カ国から見た日本人

（にほんじんになりたいよーろっぱじん　よーろっぱ27かこくからみたにほんじん）

2016年9月20日　第1刷発行

著　者　片野 優　須貝典子

発行人　蓮見清一

発行所　株式会社 宝島社

〒102-8388　東京都千代田区一番町25番地

電話：営業 03(3234)4621／編集 03(3239)0599

http://tkj.jp

振替：00170-1-170829（株）宝島社

印刷・製本　中央精版印刷株式会社

First published 2014 by Takarajimasha, Inc.

ISBN 978-4-8002-6040-6